中公新書
ラクレ
171

諏訪哲二

オレ様化する子どもたち

JN270147

中央公論新社

目次

はじめに――新しい生徒たち

「のびのび」と「厳しく」と

子どもをどう捉え、どう対応していったらいいかみんなわからなくなっている。かつては社会が進めば子どももよくなっていくと単純に信じられていたが、どうもそうではなさそうだという感覚が広がっている。教師も親も地域のおとなたちも子育てや教育のやり方がわからなくなり、戸惑っている。そういうなかで、子どもというといつの時代でも未来を象徴していた輝かしき存在が、もともと変わらぬものとしてあるのではなく、時代時代や個々の環境によって「つくられている」という考えがやっと常識になりつつある。あらためて、子どもをどのように育成するかが、国民の課題として意識されてきていると言えよう。いままでの子育てや教育では、これからの子ども（若者）の育成はむずかしいという認識も広がっている。従来の子育て・教育は「のびのび育てる」と「厳しく育てる」とが単純に対立して考えられていた。これはどちらが正しいということではなく、実は両面が必要なのである。子ども自ら育っていくとも言えるが真空で育つわけではなく、ある社会環境の下に育つ。その環境を（おとなたちが）適切に整えてやることが「厳しく育てる」ということになる。その環境のなかで自ら育つ面を充分に保障してやることが「のびのび」ということになろう。実際、いい子育て（教育）とは「のびのびしていて厳しい」のである。

学校では一九八〇年代に入って、子ども（生徒）のありようが大きく変わった。一言で言えば、主体的・自立的になったとも言えるが、残念ながら教師たちが長いこと望んでいた社会的自立につながるようなものではなかった。つまり、自立的な近代的市民として社会を構成し変革していけるような質のものではなかった。その頃、生徒指導のベテラン教師たちは、どこでも「生徒が見えなくなった」と表現している。教師たちの予想（期待）している生徒の位置に、子どもたちがいなくなってしまった。昔の生徒と違ってきた。子ども（生徒）が「オレ様化」しはじめたのである。子ども（生徒）たちが「学ぼうとしなくなり」「自分を変えようとしなくなった」。修業をして一人前のおとなになろうとしなくなった。

私自身は新設の高校に勤務していたが、一九八〇年代半ばにこういう「新しい生徒たち」に出会い、まさに茫然自失し、教師としての方向性を見失うような大挫折を経験している。彼ら「新しい生徒たち」はすでに完成した人格を有しているかのようにふるまい、四十代半ばの中年教師である私に拮抗しようとして私を慌てさせた。知的にも人格的にも学んで自分を変えようとしなかった。だからと言って、とにもかくにも社会を生きぬける「強い自己」になったのではない。かえって、自分ではえらい一人前の存在だと思っている対人関係や社会的適応性の脆弱な「弱い自己」になったのである。「オレ様化」するということは、自己をほかの自己と比べて客観化することがむずかしくなり、自己（の感覚）に閉じこもりだしたということであろう。一九八〇（昭和五十五）年前後に中学生たちが教師に暴力的に反抗するようになり[1]、彼らが学校に対して破壊的であることはもちろん承知していた。それは知っていたが、私は一九七〇年代にワル（不良）の生徒とのやりとりも経験しており、ワルとのつきあいには慣れていたので何とかなると高を括っていた。こういう私の教師としての自負や技術はまったく役に立たなかった。

一九八〇年代は、学校（教師）は生徒の管理ばかりしていて教育的ではないと猛烈に批判された時代である。七〇年代までは、学力や受験を中心にして「おちこぼれ」を出しているという批判が中心だったから、八〇年あたりから学校（教師）批判の風向きがはっきりと変わっている。いわゆる管理教育批判は一九九七（平成九）年ぐらいまで執拗に強力に続き、「学校バッシング」「教師バッシング」とも言われた。管理は学校では欠かせないものであり、確かに管理のための管理は是正されなければならないが、管理をやめてすべて生徒と話し合いで解決すべきであるとする一部マスコミの論調には、まったく納得できなかった。また、文部省（当時）側も管理否定にまわり、教師（学校）が孤立を深めるという状況もあった。

「プロ教師の会」が見た子どもの実態

私（たち）は「プロ教師の会」と後に名乗ることになる教師の研究会を一九七〇（昭和四十五）年から続けていて、研究会を開催しミニコミ（『異議あり！』という隔週刊紙で二〇〇四年十二月までに六〇六号発行している）を発行し、一般書を発行するなどして[(2)]、教育や学校や教師や生徒についての言論活動を続けていた。たまたまメンバーの河上亮一が当時若者を中心にして人気のあったムック『別冊宝島』70の『ザ・中学教師』（一九八七年刊）に登場して「プロ教師になるための十六章」を書き、読者の人気を博した。それでは、と宝島社（当時はJICC出版局）は『別冊宝島』78で『ザ・中学教師〔プロ教師へのステップ〕編』を発行した（一九八八年）。河上亮一は「プロ教師『五輪の書』」を始め、あちこちに顔を出し、これもまた読者の支持を受けてかなり売れた。

そこで宝島社は「ザ・中学教師」ものをシリーズとして発行しようと目論み、河上亮一に話をもちかけ、河上はもう自分ひとりでは無理と判断して「プロ教師の会」に相談してきた。正直言って私たちは中年であったせいもあり、『別冊宝島』など読んだこともなく、サブカルチャー的な感じであまり興味を持っていなかった。それでもミニコミや一般書で自分たちの実践を表現していたし、やってきたことや言いたいことはたくさんある。現場の教師の立場から若者向けのムックを通じて世の中に問題提起をしようということになった。企画プランですぐに思いついたのは親批判、教師批判、子どもの実態批判の三部作とすることである。「子どもの実態がどうなっているか」についての現場の教師の考えを提示したかった。自覚的な教師は通過する子どもの代を眺めているから、どのように変わったかはある程度わかる。親が一回か二回の子育てしかしないのと対照的である。その観点から子どもをとりまき、子どもを「つくりあげている」親や教師も批判しなければならないと考えた。

親批判は『別冊宝島』95で『ザ・中学教師〈親を粉砕するやりかた〉編』として一九八九(平成元)年に発行された。キャッチコピーは「現場の教師が体験した〝恐るべき親たち〟の生態! 教育の聖域＝親に、プロ教師がはじめて戦いを挑んだ!!」とある。これも非常によく売れ、教師批判は『別冊宝島』108で『ザ・中学教師〈ダメ教師殲滅作戦〉編』として一九九〇(平成二)年に出た。このキャッチコピーは「学校を荒廃させ、教育を無価値にし、ついに生徒を堕落させた元凶が、今はじめて明かされる!」である。これも圧倒的に売れ、ついに三作目の子どもの現状批判は一九九一(平成三)年に『別冊宝島』129で『ザ・中学教師 子どもが変だ!』と題して発行され、これが最高に売れたのである。(3) キャッチコピーは「子どもはもはや、あなたの知っている子どもではない!!」という簡潔なものであり、私たちの実感にぴったり重なっていた。

この三部作、とりわけ『子どもが変だ！』は本当によく売れ、また反響も大きく〈教育界を震撼させた〉とも言われた。未来をになう者として子どもや若者を美化して捉えよう（捉えたい）という気持ちは、さけがたく私たちにはある。そういう情緒性を排して子ども・若者たちの学校における生態や、教師の苦闘をドライに報告した点が、社会主義体制が崩壊し、バブルのはじけた日本の精神状況によくマッチしたのかもしれない。しかし、その後も世の中の人たちのレベルはともかく、教育界でもマスコミでも「子どもは決して変わっていない」とかたくなに信じられ、主張され続けた。私たちが社会の構造が変化したことからオレ様化した「新しい子ども」が登場してきていると考えたのに対し、教育や学校の仕組みが子どもたちに合わないから子どもたちがそのように歪んで見えているにすぎないと主張された。そう見ればそう見えることも事実である。現状を素直に眺めることよりも、子どもはいつの時代にも変わらぬ可能性を持ったものという「信仰」のほうが選ばれたのであろう。

子どもはどのように現れていようとも絶対の基準のように位置づけられており、そういう子どもに合わせた教育をしていない学校や教師の責任がくりかえし追及されることになる。子どもがどのように変化しても、そういう子どもにふさわしい「正しい教育」があるはずだと強固に信じられ、子どもの新しい状況に応えられない学校バッシング、教師バッシングがヒステリックにくりかえされた。だが、八〇年あたりから子どもの変容を通じて私たちが気づいていたことは、教師が子どもたちに教育的力を加えられるのは、子ども（若者）たちが「児童」や「生徒」として学校に現れたときであり、自由で主体的な「個」（近代的個人）として自己主張されたらもう収拾がつかないということであった。

「ゆとり教育」の本質

よく教師の指導力や質が低下したと語られる。だが、いつの時代でも教師の力とは絶対的なものではない。教師の権威や指導力というものは一人ひとりの教師が独自に所有しているものではなく、子ども（生徒）の「学ぼう」「従おう」「自己を高めよう」という姿勢や意欲に支えられ、反応しあって発揮されるものなのである。そして教師と子ども（生徒）の教育的な信頼関係も教師のAさんと生徒のB君との個別的な関係によって成り立つというよりは、まず第一は子ども（生徒）たちが社会をどのように信頼しているか、第二に親を含むおとなたちが教育や学校をどう認知し、位置づけているか、それがどのように子どもたちに伝わっているかにかかっている。一対一の個別的な教師と生徒の出会いのレベルはむしろ三番目に位置する。むかしの学校や教師に指導力や権威があったのは、この一、二番目の課題が社会全体からプラス方向にクリアーされていたからである。学校や教師が社会から信用されていたからである。

いい教育とは「のびのびして厳しい教育」である。「のびのび」か「厳しい」のどちらか一方になってしまってはいけない。そうなれば学校ではなく、遊園地か収容所になってしまう。「のびのびして厳しい」は、言い換えれば子どもに合わせないと教育は成り立たないが、すべて合わせてしまうと教育たりえないという意味である。教育の営みには「従いなさい」と「自立しなさい」という矛盾した要素が入っている。子どもたちの「ありのまま」を大切にしなければ教育的インパクトは与えられないが、「ありのまま」からすべてを出発させるということではない。公教育は子どもの「ありのまま」を変えて近代に通用する市民（国民）にしていくことがその使命だからである。子どもが自ら喜んで成長していくような甘いプロセスではない。

ところが、社会が豊かになり成熟して個人が尊重されるようになってくると、みんな甘い考えになってくる。子どもの「ありのまま」や現状だけを重視して、「変えていく」ことを軽く見るようになる。文部省（当時）のあの有名な「ゆとり教育」や「新しい学力観」などは子ども（生徒）の「ありのまま」を大切にして、そこから子どもを「変えてゆこう」とした壮大な試み（挑戦）であったが、さまざまな理由でその有効性が疑われ、かなり世俗的な「学力向上論」に煽られて、とうとう行方不明（ミッシング）になってしまった。文部科学省（以下、文科省）はよくわからないが、地方教育委員会ではいまでは「学力向上」だけが語られているようだ。文部省（当時）は伝統的な「全体」から「個」へという教育のベクトルを変えて、一人ひとりの「個」が自ら「全体」（世界）へ向かうという学習の道すじをつくろうとしたのである。志や意図は壮大であったが、あまりにも学校や子どものありようを軽視したためもあって失敗に終わってしまった。

少年Aと学級崩壊

そのような子ども中心主義的な教育論議がガラッと様変わりしたのが、一九九七（平成九）年の神戸の連続児童殺傷事件である。この事件をきっかけとしてマスコミの論調がそれまでの一律的な学校批判、教師批判から別の方向へ動きだす。私たちは少年Aの個人的な特殊性も大きいような気がしたので、こんなにも子どもや学校問題の論じ方が急激に変わっていいものかと心配したほどである。あとから仄聞したところによると、いつも「子ども中心主義」として「個の自由尊重」という立場から学校や教師に厳しいA新聞などは、神戸の少年A事件で担任によるA君へのいじめや差別が事件の動機とする見取り図をつくって報道を始めてしまい、あわてて撤回をして事件の報道の立て直しを図ったとのことだ。学校や教師のせいではない子どもの事件などあるはずがないと思っていたのかもしれない。

つまり、少年Aの神戸児童連続殺傷事件まで、教育や学校をめぐるトラブルの原因はほとんど日本がまだ「近代化していない」、教育や学校が「時代に遅れている」ことにあるとされて語られてきたのである。七〇年前後の「学園紛争」、八〇年前後の「校内暴力」、頻発する極端な「いじめ」にかかわる自死事件、「校門圧死事件」、教師の体罰による生徒死亡事件などのさまざまなトラブルはもちろんのこと、高校の中途退学、登校拒否（不登校）、さらに「引きこもり」などの教育不全もすべて学校や教師の前近代的な「押しつけ」的な教育によるものと説明されてきた。

一方で、日本社会の経済力の向上、物質生活の改善にともなって個人の自由はますます拡大されてゆく。生活世界における「個」の自由の拡大と、学校社会における不自由（規制）との隔差はますます広がり、「学校を市民社会と同じにせよ」という学校攻撃は日々強まっていた。マスコミも「学校は規制しすぎる」「生徒の自由が奪われている」「もっと生徒の要求に耳を傾けて」といった学校の自由を求める報道が中心であった。

一九九七（平成九）年から少年の凶悪事件が続発する。三月に三重県で中学二年の少年が民家を物色中、帰宅した主婦を包丁で殺害、五月には兵庫県で中学三年の少年が先輩をバットのようなもので撲殺、同じく五月に「神戸児童連続殺傷事件」が起こり、中学三年の少年が小学六年生の男児を殺害し、遺体の一部を中学校正門前に置く。この少年Aと呼ばれることになる少年は二月と三月にも一人の女児を殺害、もう一人を傷つけていた。六月には東大阪市で高校二年生の少年が通学途中の同学年の少年をバタフライナイフで刺殺、一九九八（平成十）年に入り、一月に十九歳の少年が通りがかりの五歳の幼女を刺殺し、その母と女子高校生も刺す。同じ一月に栃木県の黒磯市で中学一年の男子生徒が女性教師をバタフライナイフで刺殺、三月には埼玉県の東松山市で中学一年の少年が別のクラスの男子生徒を折りたたみナイフで刺し殺したのである。

そして、一九九八（平成十）年には「学級崩壊」という衝撃的な言葉が日本中を駆けめぐる。教育界ではすでに「学級崩壊」は公然の秘密になっていたが、メディアに大きく取り上げられるきっかけになったのは六月十九日のＮＨＫスペシャル「広がる学級崩壊」と、十一月十五日から『朝日新聞』で始まった「学級崩壊」の連載であろう。ＮＨＫスペシャルでは小学一年のクラスが収拾がつかなくなり、五十代のベテラン女性教師が泣いている。ところが、管理職はすこぶるものわかりのよさそうな顔で「子どもの立場に立って、よく子どもが納得するように」とサジェスチョンするだけである。

一九八〇年代中葉から子どもの変容を感受していた私たちも、小学校の、しかも、一年生が「学級崩壊」するなどとはあまり思ってはいなかった。小学校の高学年で女の生徒たちがグループピングして担任を排除しようとしたりする話はよく聞いていた。「子どもたちは個性化してますます集団生活に馴染まなくなっている」「反抗の低年齢化が進んでいる」と理解されていた。教師的な常識から言っても、入学したての小学一年生が教師の指示に従わないということは考えられない。子どもはだんだんと大きくなっていくにつれて教師の言うことを聞かなくなると了解されていたからである。

『朝日新聞』の「学級崩壊」の連載はのちに『学級崩壊』という文庫になる。その巻頭の「学級崩壊とは何か」で記者氏岡真弓氏は〈崩壊の様子を何ヵ所も目で確認している〉が、〈学級崩壊を社会問題として提示〉することに強い迷いやためらいがあったと告白している。その理由を〈「学級崩壊」という言葉は定義がはっきりせず〉、自分たちの取材も〈全体から見れば特殊ケースに過ぎない学校ばかり〉ではないかという恐れがあったからだと述べている。結果として、記事に全国から強い支持が寄せられ、氏岡氏は文庫にこう書く。〈「学級崩壊」は教師個人レベルの問題では、もはやない。全国に広がっている。不登校について、文部省が「どの子にもおこりうる」と見方を変えたのにならって言えば、いまのままの学校が続けば、どの先生でも崩壊はおこりうる。おこっても、ちっともおかしくない、と私は思う。「学級崩壊」は、これまで日本の小学校がとってきた学級担任制、「学級王国」の崩壊である〉。

氏岡氏は迷いやためらいの理由を〈定義がはっきりせず〉〈特殊なケース〉だけを取材したのではないかという心配として表現しているが、感覚の鋭い優れた記者である氏岡氏は、小学生の「学級崩壊」を記事にすることは「子ども批判」のパンドラの箱を開けることになるとどこかで気づいていたからではないかと私は思う。あるいは、記事が従来の学校批判や教師批判ではなく、子どもたちへの批判に向かったと判断され、『朝日』の伝統とも言える進歩的、良心的な報道の姿勢を疑われることを危惧したのではなかろうか。世の中的には小学生が教師の指示に従わないのだから、子どもたちのほうがおかしいという判断も成り立つ。実際、世間ではそう思っている人も多い。

氏岡氏たちはやはり「子ども批判」(子どもたちがおかしくなっているのではないか)のパンドラの箱を開けてしまったのである。もちろん、氏岡氏は「どの子にもおこりうる」と断言して虎の尾を踏みかけた(「子どもが変だ!」と言いかけた)けれど、〈いまのままの学校が続けば〉と留保をつけたり、〈「学級崩壊」は、これまで日本の小学校がとってきた学級担任制、「学級王国」の崩壊である〉と結論づけることによって、子どもの変貌よりも制度やシステムのせいにすることに成功はしている。だが、人々に「システム(制度)」が問題なのか、子どもたちの実情がおかしいのかという疑問を持たせてしまったことも事実なのである。

私たち「プロ教師の会」が「子どもが変だ!」という問題提起をして気づいたことは、子どもたちの現在のありようやその問題性について、それ自体を論じるのは表現の世界ではタブーになっているということである。「子どもが変だ！」といったとて「教師が正しい」とか「親が変でない」などと主張しているわけではない。教師もかなり問題があるし、親もかなり変になっている。「子どもが変だ！」とは近代の子ども中心主義がどのような結果をもたらしているか、それによって私たちの目がどのようにくもっているかという問題点を指摘したかったのである。子どもたちの生態は、私たちが近代の子ども中心主義の色メガネをとおして眺めているような理想的なものではなくなっている。それは単に制度や教育システムや教育政策や学校の運営の仕方の結果としてそうなったのではなく、それこそあまり私たちに把握できない社会の構造の変化によって「子どもたちが変わってきている」（「オレ様化」している）ように思える。

しかし、「子どもが変だ！」はジャーナリズムではタブーになっている。進歩的で良心的な市民の逆鱗に触れるのであろうか。私たちも協力した朝日新聞社の『AERA』九七（平成九）年十一月一日号の教育問題特集（臨時増刊）の特集名は『子どもがあぶない』であり、九八（平成十）年十一月二十五日付の特集名は『子どもがわからない』である。[4] 子どもがおかれている状況は語られているが、子どもそのものは論じられていない。子どもはつねに社会の状況の関数として語られるだけで、決して「主体」としては論じられない。つまり、子どもについては論じられているが、子どもそのものは論じられていない。子どもはいつも

「聖なる存在」のように奉られている。英語でいうと「サムシングアバウト子ども」は論じられるが、「ホワットイズ子ども」（子どもとは何か、子どもの本質とは何か）は決して論じられない。巧妙に避けられている。

子どもを「主体」として語るということ

神戸児童連続殺傷事件について村上龍氏が『文藝春秋』（一九九七年九月号）に「寂しい国の殺人」を書き、子ども自体を論じる試みをしている。村上氏は事件を知って最初〈家族のモデルや家族そのものではなく人間が壊れ始めているのかも知れない〉と考え、友人にその旨メールしたが、すぐに〈間違っているような気がし〉て、こうメールを書き直したのだという。〈人間が壊れ始めているなどと、小説家にあるまじきことをさっき書いてしまった。——もともと人間は壊れているものです。それを有史以来さまざまなもので覆い隠し、繕ってきた、その代表は家族と法律だ、理念や芸術や宗教などというものもある。それらが機能していない。何が十四歳の少年を殺人に向かわせたかではなく、彼の実行を阻止できなかったのは何か、ということだと思う〉。

村上氏はこの事件に関して外国のメディアのインタビューを受け、日本は近代化を達成したこと、〈近代化が終わったのにだれもそのことをアナウンスしないし、個人的な価値観の創出も始まっていない。だから誰もが混乱し、目標を失って寂しい人間が増えている、オウムも、女子高生の援助交際も、子どもたちのいじめもこの国の人間たちが抱える寂しさが原因で発生したことだ〉と話したのだと言う。きっとこの「寂しさ」とは日本人が共同体的なものから離脱して、個人が自立（孤立）しはじめた心象なのであろう。また、私が村上氏と対談したとき、(5)氏は雑談のなかで少年Aのことを「昔の自分と同じだ」と語った。村上氏以外にも何人かの優秀な頭脳や個性たちが「同じこと」を語るのを目にしている。私自身はまったくの凡人なので少年Aの心情はまったくわからない。私にわかるのは、少年Aは（病気の範疇に入るのかもしれないが）同時代の子どもたちが共通に持っている「消費社会的」な人間の要素を煮つめた形で持っているのだろうなということであり、これはいわば教師としての勘である。実際、あの事件のあと子どもたちの一部から、かなり「共感」の声が挙がっていることが報道されている。

いずれにしても村上氏は、この文では子ども問題を制度やシステムや施策のせいとは考えていない。子どものありようはひとのありようと同じで〈有史以来さまざまなもので覆い隠し、繕ってきた〉ものの現在の姿であるという、人間というもののシビアーな歴史性についてあえて言及していることは注目に値しよう。村上氏はおそらく世間の発想とは異なり、〈何が十四歳の少年を殺人に向かわせたかではなく、彼の実行を阻止できなかったのは何か、ということだと思う〉と語る。少年Aだけでなく、ほかの少年たちが殺人に向かうかもしれない人間的な必然性をも示唆している。そう動くかもしれない少年たちの欲望や志向を抑える意識的な努力が必要だと言っている。村上氏はほかの論者たちとまったく質の異なる見解を述べている。つまり、氏はここでは子どもを「主体」として語っている。子どもを「主体」として考えないと、子どもたちの行動や思考や欲望への新しい見方は出てこない。

私が村上氏と違うのは〈近代化が終わったのにだれもそのことをアナウンスしないし、個人的な価値観の創出も始まっていない〉と氏が述べた点である。そしてその結果として〈オウムも、女子高生の援助交際も、子どもたちのいじめ〉も発生していると考えておられることである。まず「近代化が終わった」という点には私も同意する。そしてそのことが子ども・若者たちにすでに「アナウンス」され、〈個人的な価値観の創出〉が始まっていると考えている。「アナウンス」された結果が現在の子ども（若者）たちの姿である。「不登校」や「いじめ」や「援助交際」や「引きこもり」は、日本が近代化を達成して大量消費社会、高度情報化社会に突入し、その変化が子ども・若者たちに受け取られて新しい〈個人的な価値観の創出〉が始まった結果生じたものではないかと私は考えている。

「個」が自立しているか否か

八〇年代中葉に私（たち）が出会った「オレ様化」した「新しい生徒たち」の突出した部分は、「まわり」や「学校」に合わないとすぐに「自分」を選んで学校をやめていった。教師である私が〝話し合い〟を呼びかけても、「オレには必要ない」と言って応じようとしなかった。こういう「新しい生徒たち」の自己と社会との接点のつくり方は、まさしくそれまでの日本にはなかった新しい〈個人的な価値観の創出〉のムーヴメント（運動）の一環だったのではなかろうか。「まわり」や「社会」と調和しようとする努力をしないで、まず「自分」を選んでしまう。もちろん、教師である私（たち）にはまったく理解できず、単なるわがままや自己主張の強さのようにしか見えなかった。ただ、学校や教師の権威を否定してまで「自己」を貫こうとする彼らの強さにはびっくりしたものである。当時、とうとう日本にはじめて「近代的自我」が確立したのだと半ばシニカルに表現したことを憶えている。

〈近代化が終わったのにだれもそのことをアナウンスしないし、個人的な価値観の創出も始まっていない〉と村上氏は述べる。私は近代化の終了が表現の世界（意識が言葉になる世界）で認知されるのには、必ず時間差があると思う。ここ日本では相変わらず「日本は遅れている」（真の近代化がなされていない）と言いたがる人が（とりわけ表現の世界で）多い。だが、言葉で「アナウンス」されるのはずっとあとになろうとも、「近代化されている」生活や社会が人々の身体や感覚にすでに「アナウンス」しているのではないか。すでに一九七〇年代後半から子どもたちはその「アナウンス」を「聞き」、それまでにない新しい〈個人的な価値観の創出〉に向かって動きだしていると考えられないだろうか。

もちろん、子どもだけが新しい時代の到来の声を聞くわけではない。鋭敏なおとなたちや優れた芸術家たちもふつうの人たちに先駆けて新しい時代を感受し、おそらく無意識に新しい時代を先取りしようとするはずである。情報メディア業界はその最先端にある。子どもたちはアニメ・漫画・劇画・テレビ・ゲーム・音楽などのメディアや、さまざまなファッションや商品（グッズ）を通じて新しい時代の感覚や価値観を最大限に吸収しているに違いない。また大量消費社会の進行は家庭や家族の枠組みや質を変えつつある。そういう家庭での会話やコミュニケーションによって、子どもたちがかつてないような変容を遂げているとも言えよう。

つまり、近代化終了の「アナウンス」は、実は二十年以上前からなされているのではないか。子どもや若者たちがこれだけ変わってきたのは、おそらく村上氏の言う〈個人的な価値観の創出〉運動の結果なのである。一昔前には「子どもや若者たちは期待できる」「彼らの可能性はすばらしく必ずやおとなたちを追い越していく」と楽天的に語る人がたくさんいたが、最近ではかなり錯綜した見方になっている。村上氏は「寂しい」「寂しい国」と表現しているが、ひとの「個」が共同体的なものの支えを失って、自立しはじめると、かなり不安定、不確定になるという認識は共有されるようになってきている。自分で自分を支えるということは、人にとって本質的に困難なことであるのかもしれない。

子ども・若者問題はいぜんとして社会不安をともないながら、毎年新しい変化を見せている。二十一世紀に入り、二〇〇三（平成十五）年には「長崎幼児殺害事件」が、〇四（平成十六）年には「佐世保女児殺害事件」が起きて日本中を震撼させた。かつては思いもしなかった凶悪事件が、小さな女児によって日常の風景のなかで起きている。〇四年八月に文科省が発表した調査結果によれば〇三年度に公立の小学校内で児童の起こした暴力行為の件数が前年度比二七・七％増の一六〇〇件にのぼった（当然、実際の件数はこの二、三倍になるはずである）。「学級崩壊」も減少の方向へは向かっていないであろう。

日本では「個」としての自立が近代的な個人のありようであると考えられている。西欧近代の創出した理性的、合理的な人間のことである。そこで問題は日本の子ども・若者たちのいまある姿が西欧的な意味での「個」の「自立をしていない」から生じているのか、それとも、「個」として「自立した」（あるいは、自立しようとしている）から生じているのか、どちらかということである。もちろん、日本のほとんどの知的主体（頭と身体性とのバランスにおいて、すこし頭のほうに重心が傾いている人）たちは、日本ではまだ近代が確立していない、「個」が自立していないからさまざまな問題が生じているのだと思っている。子ども・若者たちの不安定さ、不確定さもそこに起因していると考える人たちが圧倒的に多い。私が例外的に子どもを「主体」として論じていると評価した村上龍氏でさえも、〈近代化が終わったのにだれもそのことをアナウンスしないし、個人的な価値観の創出も始まっていない。だから誰もが混乱し、目標を失って寂しい人間が増えている。オウムも、女子高生の援助交際も、子どもたちのいじめもこの国の人間たちが抱える寂しさが原因で発生したことだ〉と言う。村上氏もまた〈個人的な価値観の創出〉、つまり近代的な「個」が自立すれば問題は解決すると言っているに等しい。

日本の公教育が育成の目標としている近代的な市民（国民）の育成は、一九七〇年代前半頃までは「うまくいった」が、一九七五（昭和五十）年以降と想定されている大量消費社会、高度情報化社会の到来[6]によって不安定になり、「うまくいかなくなった」と私は考えている。もちろん、公教育が育成しようとする近代的な市民（国民）と、村上龍氏などの想定する〈個人的な価値観の創出〉にイメージされる自立的な個人が、完全に同じものであるはずはないが、まあ八割程度は重なるものと見てよかろう。私が単純に思うのは、「個」が自立したら、また〈個人的な価値観〉が確立したら、いままでの問題がすべて消失し人間が自由になれる（問題が発生しなくなる）という確信はどこから得られているのかということである。

そういう確信は誰も哲学的に保証していない。近代の迷信の一種か西欧へのコンプレックスのもたらしたものではなかろうか。むしろ、「個」が自立し、自由になりはじめたから「個」が不安定、不確定になったと考えたほうがずっと自然であろう。村上氏の言う「寂しい人間」も「個」が共同体から離れて自立しはじめた結果として生じたものであり、「寂しさ」を感じる（「個」を自覚する）ということはすでに自立しはじめていると考えることもできる。いずれにしても、現在の子ども・若者問題も「『個』が自立していないから生じているのか」、それとも「『個』が自立しはじめているから生じているのか」を考えることから出発すべきであろう。

第一部　「新しい子ども」の誕生

（一）教師と子どもは「他者」である

「教育改革国民会議」の子ども観論争

子どもや若者たちの変化や問題点について語るのはいまや、楽しい作業とは言えない。子どもや若者を非難しているように聞こえる。いい年をしたおとなで経験のある教師が子どものことを悪く言うなんてとんでもない、という内心の声もある。子どもを早くから対等に扱い厳しくしつけるキリスト教文化とは異なり、日本の子育ては昔から子どもを甘やかして（大事にして）育てる文化である。子どもそのものが一種の崇高なものとして奉られ、子どもの現状批判、子ども批評が自由にできない思想風土である。大学の学園祭などで「子ども問題」のパネルディスカッションに呼ばれ人権派の弁護士や活動家などと議論すると、こちらはまるで悪役である。彼らは子どもの生態を論じるのではない。その理念的なすばらしさを強調する。子ども（若者）のいま持っている問題点をおとなや社会のせいにして終わりなのである。こちらが不正義で卑小な人間になったような居心地の悪い気分がいつもする。

（一）教師と子どもは「他者」である

二〇〇〇（平成十二）年の「教育改革国民会議」の第一分科会「人間性について」で、文科省側が〈人間性論ではなく、人間性教育論、方法論に重点をおいて議論してほしい〉と要望したのに対し、山折哲雄委員は、①人間の行動は最終的に理解することが可能だという人間観と、②人間は未知数という人間観の二つがあり、日本の戦後教育は後者を軽視してきたとあえてレポートしたとのことである。[7]「プロ教師の会」の河上亮一が唯一現場の教員として参加していたが、河上の言うことによると二六名の委員のほとんどは「子どもは本来純粋で可能性を持った存在」という戦後的な子ども観に染まっており、現在のありようを知っていたり、現状に問題があると考えている人はいなかったとのことである。子どものプラス面やマイナス面について問題提起をしていたのは、山折氏と曽野綾子氏の二人だけだったという。社会や教育がどうなろうとも、子どものプラスの可能性は必ず確保されるはずだという確信をみんなどこかに持っているようだったというのが河上の感想である。

つまり、「教育改革国民会議」では山折、曽野、河上の三氏が子どもに悪意を持つ「狭量の徒」であり、あとの二三名は子どもの可能性を信じる善意の人たちであるという図式である。私たちのなかには厳しい現実はできるだけ見たくない、小さくして見ようという心性が働いていることは否定できない。子どもたちは私たちの未来であり、希望であるからである。この先の日本も平和で安穏にいくものと思いたいのは誰でも同じである。そういう心情が現実から目をそむけさせることも否定できない。実際、次の（二）で展開することになる八〇年代中葉の「新しい生徒たち」との出会いの衝撃と恐怖とは、私たちの築いてきた「この日本が日本でなくなる」という恐怖感や喪失感につながっていた。

教師の思いと子どもたちの現実

教師というものは、ある理想や望みを持って子どもの教育にあたっている。それがひとりよがりであったり、子どもに合わなかったりすることはあっても、そういう姿勢から教師は逃れられない。教師はつねに現実の子ども（生徒）の向こう側に理想の子ども（生徒）像を描いている。もちろん、教師の思うとおりになるはずはない。何とか理想に近づけようと努力するわけである。考え方を変えたり、教育方法を変えたり、技術をきたえたりしながらがんばって改善を図ろうとするものである。それでもあるとき子ども（生徒）たちがこちらの思うようにはもう決してならないのだと気づいてしまったら、教師としては立ちゆかなくなる。私にとって一九八〇年中葉のできごとは、そういう質のものであった。

よく教師という存在は子どもの成績のことだけを気にしたり、成績のいい子を大事にしたりするという人がいる。子どもの全体を見るのではなく、子どもの成績や偏差値ばかりを見ているという。しかし、日本の教師たちは、子どもたちに学力の向上よりも人間的成長を望んできたと思う。教師は成績のいい生徒が好きだなどと断定的に言われたりするが、私の経験から言っても事実とは言えない。日本の教師はいい子が好きなのである。いい子とは成績のいい子ではなく、努力する子、みんなのためにつくす子、謙虚な子、自分に誇りを持っている子どもなのである。そういう子どもとは、同じ時代や現実を生きているという共生感を味わうこともある。

そういう教師の生きがいや、生徒と共生感をともにする喜びの対極にあり、教師の思いと子どもたちの現実の決定的な乖離を象徴しているのが「学級崩壊」にほかならない。哲学的に、自分たちには見えない、あるいは理解できない存在を「他者」と呼ぶ。教師たちは生徒たちが「他者」であることは、最近は実感していると思う。もともと、教育における生徒は「他者」であったのだが、かつては教育や学校が国家や地域（コミュニティ）や家庭などの共同体によって強く守られていたので、子ども（生徒）たちの「他者」性がそれほど浮き立たなかった。教育という営みや学校の存在が共同社会から大切なものと認知されていたので、子どもたちはすでに「生徒」という自己限定をして学校へやってきたからである。子どもの一人ひとりも今のような孤立した「個」として学校にいるのではなく、クラスや班の一員として守られていた。

（一）教師と子どもは「他者」である

子どもは純粋な無垢や真っ白な可能性であるわけではなく、つねにすでに「つくられている」と言える。生まれたその時代に染まらない「個」はありえない。学校に入ってくるときにまっさらであるわけではない。家庭で地域で、そしていまや決定的に大きな力を持つ情報メディアによって「つくられて」おり、そういうもろもろの力（インパクト）によって形成された「個」の意識も人間観も世界観も、それなりに所有している。子どもはすでに学校にとって充分な「他者」である。明治時代の子どもはただ農村的な生活世界をとおって学校へ入ってくるが、大正、昭和前期の子どもはすでに大衆文化や活字文化を経過して学校へ来ている。明治の子どもを江戸時代的な感性から学校的な文化、つまり、国民国家的な文化に導くほうが、大正、昭和期の子どもを近代国民にするよりもむずかしかったであろう。

「農業社会」「産業社会」「消費社会」

戦後の子どもも時代を追うにつれて、教師から見て「他者」的になっていった。戦後育ちの私にとって八〇年代の「新しい子どもたち」は、ほぼ完全な「他者」のように見えた。それから私は教育を考えるうえで戦後を三つのスパン（区切り）に分けることを思いつき、この半世紀で子どもが「農業社会的」な子どもから「産業社会的」な子どもへと移行し、そして「消費社会的」な子どもになったという仮説を立ててみた。戦後の日本はもちろん立派な近代であったが、共同体的な精神風土と人間関係を強く抱え込んでいた「農業社会的」レベルと、共同体的なものからほぼ離脱した「産業社会的」レベルと、共同体的なものがほぼ消滅しつつある「消費社会的」レベルに分けたのである。

戦前から続いている「農業社会的」近代は一九四五（昭和二十）年から六〇（昭和三十五）年ぐらいまでと想定している。「産業社会的」近代は一九四五（昭和二十）年から六〇（昭和三十五）年ぐらいの短い期間、「消費社会的」レベルは七六（昭和五十一）年から現在までだが、九〇（平成二）年を越えてからもうひとつ次の時代に入っているという見方も有力である。[8] 六〇年ぐらいまでは都市においてもまだ地域的な共同性が残っており、子どもたちが縦の年齢集団で集団遊びをしていた時期である。六〇年以降は家庭へのテレビの普及や空き地の消滅などによって子どもがあまり外へ遊びに行かなくなり、遊んでも同じ学年の子ども集団になっていく。学校とのかかわりでいえば、もちろん「農業社会的」段階では学校が圧倒的な権威を地域（コミュニティ）や家庭に対して持ち、「産業社会的」レベルからその権威が揺れはじめ、「消費社会的」近代に達してから非常に不安定になっていると言えよう。

（一） 教師と子どもは「他者」である

私は一九六四（昭和三十九）年に東京周辺の工業都市で高校教師となっている。そのとき高校生であった団塊の世代は、その四年前に高校生であった私たちとはかなり生活感覚の異なる「他者」であったことを想いだす。高校生の「他者」性は年を追って増していったが、その頃日本社会がどのようになり、日本人がどのように変化していくかなどただの教師である私たちに想像できる話ではなかった。ただやみくもに「他者」としての高校生たちとやりとりをしているなかで、八〇年中葉に「新しい生徒」（ほぼ完全な「他者」）たちに対面したのである。そのときの生徒たちの「他者」性（理解しがたいさま）は戦後すぐの育ちの私たちの世代の教師から確認されただけでなく、二十代の教師なりたての新人、三十代の教師にも同じように認知された。若い教師から「どうしてこうなったんでしょうね」と問われて私は何も答えられなかったが、とにかく私たち教師の考えている、そしてそれまで社会にほぼ通用していた高校生のあり方としてみんなが認める姿、いわば高校生の「客観値」とはかなり違う質のものであった。

子ども（生徒）たちの変容をめぐる議論が成立しにくいのは、社会の進歩や成熟に比例して「個」もより近代的に、より洗練された近代的個人に自然になると私たちが思い込んでいるところにあろう。そして、そういう近代的な洗練された「個」が、今まで日本が抱えてきたさまざまな前近代的な、共同体的な欠陥や問題をすべて解決しうるとどこかで信じている。そこにまたぞろ顔を出すのは「日本はまだ真の近代化を達成していない」「日本は文化的に遅れている」などと訳知り顔に言いたがる一群の知性たちであり、控え目な日本の平均的な知的主体たちは日本の戦争責任のこともあって、「やはりそうなのかな」と後退してしまうのである。こういう私たちの負性からどこかで脱けだしたいと私は思っている。

（二）戦後社会の変遷と子どもたち

近代日本の子ども

子どもや若者たち、つまり若い世代がおとなの世代に違和を感じるようになるのは、それほど昔のことではない。おとなと若者の世代的な違和は近代のものである。ヨーロッパでは第一次大戦後に、日本では一九四五（昭和二十）年の敗戦後に、若い世代がおとなの世代と対立的になった。一九六〇年代末にはアメリカとドイツ、フランス、日本において若者（学生）たちが「大学改革」や「ヴェトナム反戦」「黒人の公民権」などを求めて「戦後体制」（第二次大戦後の世界システムや社会システム）への反乱をおこなった。どこでも暴力的な展開となり、体制によって鎮圧された。若者たちはそれぞれに社会システムに組み込まれたり、ドロップアウトしていったりした。

七〇（昭和四十五）年を越えると先進国はどこも「消費社会」になり、青春と反抗の若者たちの政治の時代は終焉する。日本では「新人類」から「オタク」の時代へと移り、いまや

「引きこもり」と「ニート」と「フリーター」[9]の時代である。

私は日本の子ども・若者問題を論じるとき、戦後を「農業社会的」「産業社会的」「消費社会的」段階の三つに区分している。現在はもちろん「消費社会的」だが、子どもや若者のすべてが「消費社会的」になっているわけではない。いまでも「農業社会的」な子どもがおり、「産業社会的」な子どももいる。「消費社会的」な子どもの特徴をみんな持っているが、完全に「消費社会的」になりきっているわけではない。

そのキャラクターの違いはたとえば学校ではこう現れる。掃除のとき教師が机を運ぼうとする。「先生、私が運びます」と自分で運ぼうとするのが「農業社会的」な子ども（生徒）である。教師は昔からこういう子どもが大好きである。教師と一緒に運ぼうとしたり、教師がやっているんだから私もやらなくっちゃと思うのが、「産業社会的」な子どもである。「消費社会的」な子どもはあまりやりたがらず、極端な子は教師がやっていても手を拱いて見ている。「やりなさい」と声をかけてもちょっと身体を移動するだけである。教師ともクラスの仲間とも共同性を感じていないのである。

明治に始まる日本の近代は、一九六〇（昭和三十五）年ぐらいまでは「農業社会的」な社会であった。生活様式や民俗、精神生活が「農業社会的」であった。商品経済がまだ家計のすべてを巻き込んでいなかった。故郷としての農村があり、都市にも共同体的な気風と生活様式が残っていた。近代的な個人主義はすでに芽生えていたが、それほど力を持つまでには至っていない。情報メディアもラジオや活字が主で、子どもが集団をつくって遊んでいた時代である。

一九六〇年以降の変化

一九六〇（昭和三十五）年をすぎると子どもたちが「産業社会的」になってくる。家庭へのテレビの浸透と家庭生活の商品経済化が「個」の自立をうながす。そういう新しい子どもたちを川崎の小学校の教師の阿部進氏は「現代っ子」と名づけた。一九六〇年代の「産業社会的」レベルの子どもを語るうえで決定的なのは情報メディア、とりわけテレビの与えた影響とお金の力であろう。テレビとお金が子どもたちの「個」の意識を形成していく。「個」の自立とは家族や学校などの共同体的なものから精神的に離脱していくことを意味する。

一九六四（昭和三十九）年に私は東京周辺の工業地帯の高校教師となる。東京オリンピックと新幹線開通の年である。初めて出会った生徒たちとはもうかなりの価値観の相違があった。彼らは個人主義的であり、社会のことより自分の「個」の利益や関心を大切にしていた。まだ「農業社会的」なものの残存物もたくさんあった時代で、親たちもよく「言うことを聞かなかったらひっぱたいて下さい」と言っていた。教師と生徒が衝突を起こすことはほとんどなかったが、突出した生徒たちは教師への反発や違和をあまり隠さなかった。

六〇年代末に学生・若者たちの反乱が日本では「ヴェトナム反戦闘争」「大学闘争」として盛り上がる。私は造反派の教師として反乱の側に立っていたが、卒業生の多くも闘争に参加している。七〇年代、私は造反派教師から実践派の教師になろうとして仕事に打ち込んだ。子ども（生徒）たちがその若者らしさを失って、どんどん資本主義的に頽廃していっているように感じられた。子ども（生徒）たちはおとなと同様、精神的価値を軽視する経済的な利害だけの人間になっていっているように思われた。

私たち戦後教育を受けた青年教師たちは旧いおとなの世代と対立しつつ、あとから育ってくる若い世代は当然自分たちの味方であると思い込んでいたが、この思い込みは七〇年を境として成り立たなくなった。若者たちはみんな体制順応的で青年の活気が感じられない。みんな自分のこと（個人的な利害）ばかり考えていて、社会への関心が薄い。市民社会（経済社会）が優勢となり、市民的な公共性が立ち上がるまえに、バラバラのむきだしの経済主体としての「個」が登場してきたように思われた。

一九七〇年から現在へ

一九七〇（昭和四十五）年以降の日本には戦争も貧困も抑圧も対立も消失している。戦争はずっとアメリカが肩代わりしてくれている。六〇（昭和三十五）年を越えたあたりから絶対的な貧困もほぼなくなった。親の世代（おとなの世代）からの理屈抜きの不条理、不合理な抑圧もない（「児童虐待」についてはあとで触れる）。階級間・人種間の対立も社会問題化していない。「七〇年闘争」で政治的、イデオロギー的対立も終結した。子どもを近代的個人にきたえあげるための諸条件がなくなった。したがって、最後に残った近代的な「個」を形成するためのシステムである学校に過重な負担（期待）がかかるようになったのは当然である。

家庭や地域や情報空間における子ども（若者）たちがあまりにも自由であるために、学校はそれまでより強力に子ども（生徒）たちに規制（抑圧）をしなければならなくなった。そして、学校は社会から孤立することになった。情報メディアとお金の発するメッセージによって子どもは社会的に自立（一人前のおとな、生活者になる）するまえに、すでに「個」を「消費主体」として自立させている。学校のルールや決まりは子ども（生徒）たちが学校へ入るまえにすでに決まっている。そういう共同体的なものは、まずは「従うべき」という姿勢が子どもの側になければ理解できないものである。「個」が自立するとはこの「従うべき」という姿勢が消えてくることであり、すべてにおいて子ども（生徒）の「この私」が受け入れるか受け入れないかを判断するようになったのである。これはすでに「生徒」というひとの子どもの公共的なあり方を回避しようという構えであり、ついに、形状や質量の定まらない「この私」を公共空間において瞬間瞬間に実現(充足)しようとしだしたとも考えることができる。

（三）幼児期の全能感と「特別な私」

八〇年代の決定的変化──喫煙とカンニングの事例をもとに

一九八〇年代中葉に私たちは「子どもは変わった！」と確信することになる。近代においていつの時代にもあった世代間のズレのことを言っているのではない。子どもたちの「個」のありようが従来と根本的に変わったと思ったのである。あの頃から日本のおとなたちは子どもを眺めて幼い頃の懐かしい自分を想いだしたり、昔の自分に回帰する喜びを喪ったのではなかろうか。かつて、子どもというものはおとなの原点であり、子どもの世界はおとなの原郷であった。その原点を喪い、原郷も見えなくなり、おとなたちの生の疲労はずっともちこされている。おとなは喪われた過去の時間を子どもたちの現在の姿に見出すことができず、また、これからの未来の時間を子どもたちに託す安心も所有していないように見える。

トイレで喫煙していた生徒が教師に見つかり、生徒指導部長であった私のところへ連れてこられた。一九八三（昭和五十八）年のことである。三年生のごくふつうの感じの生徒だった。その生徒は喫煙を現認した当のその教師の前で「タバコは吸っていない」と言いはるのである。その教師はびっくりして口がきけない。生徒は昔かたぎの不良ではないし（ついでに言えば、不良は私のいた東京近郊の住宅地ではちょうど一九八三年頃いなくなった）、わざと反抗的にふるまっているわけでもなさそうだ。「認める」より「認めない」ほうが自己の利益になると思ったのであろうか。

この生徒はとうとう最後まで認めなかった。こういうことは私の生徒指導歴のなかでもはじめてのことである。七〇年代にはクラスで「タバコを吸っているか、または、吸ったことのある人は立ちなさい」と言うと、ワルたちはみんなの手前もあって現認されてもいないのにしぶしぶ立ったものである。また、一九七七（昭和五十二）年のことだが、修学旅行中に布団むし遊びから発展した集団によるクラス委員への暴行事件があとからわかり、こういうケースは被害者の話から加害者を特定するのはまずいと考え、クラス担任を通じて「この暴行事件にかかわりのある生徒は名乗りでるように」という指示をだしたら、ただそこに居あわせただけの生徒や枕を投げただけの生徒まで名乗りでてきた。この頃までは教師と生徒が生き方のようなところで接点があったといえよう。ワルはそれなりに話が通じたのである。八〇年に入って生徒と交差する点がなくなったような気はしていた。

ある女生徒がテストを受けているときに、答案用紙の下にびっしりと細かい字を書き込んだ小さなカンニングペーパー（カンペイ）を隠していることがわかった。何となく動きがおかしいので監督の教師がそれとなく注目していることを態度でわからせようとしていた。それでも止めないのでカンニングペーパーを取り上げて、その行為を確認したわけである。ところが、この生徒も認めようとしなかった。まず、カンペイは暗記するために作ったのであり、カンニングのためではないと言いはって「意図」を打ち消し、さらに、それを使って答案を書いたという「行為」も否定した。直前までそれを使って覚えていて、あわててしまうのを忘れたと言う。カンペイに書かれている内容と答案との一致という状況証拠を指摘してもダメである。

学校は子ども（生徒）のルール違反や不正な行為を放っておくことはできない。正しくないことがおこなわれれば正さなくてはならない。教育というと人間的な成長や学力の向上がイメージされるが、その前提として子どもたちの認識や価値観をおとな（社会）のものに一致させようとする運動でもある。どんな人間的成長でもどんな学力向上でもいいというわけにはいかない。すばらしい才能や個性の子がいたとしても、その社会観や人間観や道徳観が社会的に認められているものでなければ、学校（教師）は認めることはできない。世の中に通用しているルールや規範と正反対のことを主張したり、実行したりしたら学校そのものが破壊されてしまう。ルール違反や非行があったら教師はまず事実を確認し、それがルール違反や非行であることを本人に確認させ、その行為を埋め合わせるための行為（反省など）を課すのがふつうである。小さな事件であってもここに正義を確立し、行為者の社会的責任を問うことによって社会の一員、近代的な市民としての自覚をつちかっていこうとしている。学校で喫煙すれば法律に違反するだけではなく、学校生活を正しく送るべき生徒としてのノーマルなありように反する。テストでカンニングすれば高校生のありうべきありように大いに違反する。それを行為によって償わせることによって、正常な高校生のありよう、まともな社会人のありようを提示し、それに順応させようとするのである。

こういう生徒指導の方法は七〇年代までは立派に通用していた。学校もまた社会の有機的な一部だったからである。だが、八〇年代に入るあたりから不安定になりはじめ、この二つのケースに見たようにまず事実の確認ができなくなった（現在もそうである）。七〇年代だったら「教師のくせに喫煙の事実も認めさせることができない」「カンニングペーパーがあるのにカンニングを認めさせることができない」などと嗤われたものである。ワルはよく権威性を認めていない教師には空っとぼけたりしたからだ。しかし、八三（昭和五十八）年に、吸っているところを見られた当の教師の前で喫煙を否定している生徒は昔風のワルではなく、ごくふつうの生徒のひとりだった。当時、こういう事態に直面した私たちが「何が何やらわからない」思いにあったことは少しは理解していただけたかと思う。

教師のイメージする（期待する）生徒像と生徒たち自身がイメージする生徒像にはズレがあって当然である。世の中的な一般像（生徒のありようとしての「客観値」）もつねに変動している。昭和二十年代に生徒であった私（たち）のイメージしていた生徒像も（「農業社会的」段階であるにもかかわらず）すでに教師たちとズレていた。時代とともにズレの幅は拡大し、七〇年代の後半から八〇年代にかけて完全にズレたというのが実情ではないか。それが「何であり」「何に由来する」ものであり、これから「何をもたらすか」かが問題である。

（三）幼児期の全能感と「特別な私」

「しゃべってねえよ、オカマ」

喫煙とカンニングの例を挙げたが、日常生活の動きでかなりおかしくなったことはいくつもある。ただ、日常生活における子ども（生徒）たちの異常さはうまく言葉で表現できない。取り上げやすいものとして授業中の私語を問題にしてみよう。授業中に私語をされると授業はまず形式としても成り立たなくなる。もちろん、生徒は私語をするものである。私語そのものはなくならない。そのことは問題ではない。「農業社会期」の私語は全体に向かって「うるさいよ」と言えば静かになった。「産業社会期」の子どもたちは一部のおしゃべりを注意すれば、ほかの生徒たちもしゃべるのを止めた。「消費社会期」の子どもたちはほかの生徒が注意されても自分のおしゃべりとつながっていると思わないし、直接自分が注意されても私語を否定したり、あるいは、居直ったりする。

私に一番衝撃的であったのは、一九八五（昭和六十）年の四月に学年主任である私の学年の、それも私のクラス（担任も兼ねていた）の入学したばかりの十五歳の男子生徒に「しゃべってねえよ、オカマ」と言われたことである。その子は授業の初めからずっとしゃべっていた。長話が、小さい声ではあるがずっと続いていた。教師とてすぐには注意しないものである。その子に注意をうながすような目つきや動作をしたり、しゃべるのを止めてじっと見て自省を求めたりするのが最初の動きなのである。それでもしゃべるのを止めない。がまんできなくなってつい注意したのである。こちらも時々キレることがあるが、そのときは怒鳴ったわけではない。ところが、注意したとたんに「しゃべってねえよ、オカマ。ふざけんじゃあねえよ」と反撃された。「ふざけんじゃあねえよ」は当時ビートたけしのやっていたギャグで、手の平を前に突きだして首を左右に振る動きをともなっていた。昔だったら即座にひっぱたくところだがそれができなかった。

この数年後に若い教師が一番前にすわっていた生徒から「横向いてしゃべってたって授業はちゃんと聞いているよ。これぐらいしゃべったって授業の邪魔にはならねえだろうよ」と逆ねじを食らわされている。もちろん、私もこの若い教師もそこに至るまでのプロセスで若干のミスをしているかもしれない。その点は捨象して語っているので少し一方的だが、大枠としての教師と生徒のやりとりとして理解してもらいたい。私は生徒たちの生徒らしからぬ態度を非難しようとして、こういう例を出しているのではない。授業や生活の展開における教師からの生徒への期待値が、生徒たちが自ら持っている生徒としてのあるべき姿と完全にズレてきたことを問題にしたいのである。

(三) 幼児期の全能感と「特別な私」

昔のワルと違う点

ここは教師側と子ども(生徒)側との誤差を明らかにするために重要なところである。つまり、私たちはみんなものや人に対する見方の基準を持っている。人間観や世界観とも言うべきものである。その価値観にもとづく自己のイメージや他人への期待値などがある。教師たちがその役割上持つ価値観もあれば、生徒たちがその立場上持つ(であろう)価値観もある。肝心なことは「消費社会的」段階に入り、それを持つ一人ひとりが自分ひとりだけの「価値」だと思っていないことである。つまり、自分の思っていること、自分の判断していることはほかのみんなにも通用するはずだとみんなが思うようになった。ここが大事である。

つまり、おとなも子どもも教師も生徒も自分の判断、自分の価値判断は「客観的で正しい」

と思っている。超越的な視点からは個々の人の判断はまず私個人のものであり、主観的なもの、「主観値」と考えるのが妥当だが、当の本人はほかのみんなにも通用する「客観値」だと確信するようになった。

だから、生徒も「自分がこう思う」から「これぐらいしゃべったって授業の邪魔にならねえだろう」などと勝手なことを言っているのではない。「自分がこう思うこと」が当然「まわり」のみんなにも受け入れられるべきことだと確信するから主張している。ここが昔のワル（不良）とまったく違う点である。八〇年代以前のワルたちは世の中や学校の基準値に馴染めない自分を発見して、あえて独自の自己基準を立てていた。彼らは世の中的な学校的な価値観がどのようなものかを知っていたが、同時に自己の生きざまとの不調和をも意識していた。世の中的な学校的な基準と自己との距離を測って生きていた。だから、昔のワルはわがままで自己主張したのである。本人もそれを知っていた。しかし、今や「客観的」と「主観的」の境界はなくなった。主観と客観の近代の二分法はもはや成立しない。「自分がこう思う」ことはみんなも思っているに違いない（あるいは、思うべきである）と子どもたちは確信している。これが「オレ様化」した子どもたちの真実のひとつである。

いまどきの授業風景

授業で言えば、教師の考えている授業空間と、子ども（生徒）の個々が「参加」している授業空間が、別のものになっている。

教師のイメージからすると、子ども（生徒）たちは教師の授業の展開につき従いつつ、知的に従ったり、知的に衝突したり、新しい「知」の前で立ち止まったり、思考停止したり、まったく違うことを考えていたりするものである。思考していなかったり、違うことを考えていたりするのも授業参加のヴァリエーションである。つまり、授業に出ているということは教師の指示や展開の大きな枠のなかに入っているということであろう。「産業社会期」以前の生徒たちはボーッとしていても注意されたものだし、机に顔を伏せたりする者もいなかった。ましてや、私語を注意されて「居直る」などということは考えられなかった。

「消費社会期」の生徒たちは（学力や生活力のレベルによって違うが）かなり違ってきた。これはあまり言いたくないことだが、八〇年代に私のいた高校ではアメリカ西部の開拓時代に言われたという「死んだインディアンはいいインディアンだ」をもじって「（授業中に）寝ている生徒はいい生徒だ」という「ジョーク」が教員間で交わされていた。それくらい授業秩序を維持すること自体が大変だった。もちろん、今でも教師が展開している授業の大枠は成立して毎日が進行してはいる。教師―生徒間、生徒―生徒間の気持ちのやりとりが違うだけである。生徒はそれぞれに授業に「参加」し、指導に「従い」、教師に「協力」している。おしゃべりをしてしまうのも授業を破壊しようと思ってしているわけではない。ただ話したいから話しているのである。教師に「授業に参加する気がないなら出て行け」などと言われれば烈火のごとく怒る。「参加する気」があるから、わざわざ家からやってきた（やってきてやった）のである。

生徒たちが独自につくりあげている一人ひとりの「授業空間」の心象（内面）に立ち入らないかぎり授業は安泰である。彼らは別に独特な授業態度をとろうとしているわけではない。かつてのワルが時々奇声を挙げたりしたように、個性的な授業態度をとろうとしているわけでもない。彼らは彼らの考える当然としての授業参加のありようを全うしようとしているのである。したがって、私に向かって「しゃべってねえよ、オカマ。ふざけんじゃあねえよ」とやった生徒にとって、自分がそれまでしゃべっていた「事実」よりも、このオレ様の授業空間、つまり、このオレの内面（授業参加）に勝手に介入されたことのほうが問題だったのであろう。この頃から気易く授業中の私語の注意ができなくなった。私語の注意が彼らの内面を傷つけてトラブルになってしまうからである。

うっかり生徒を叱れない

教師の考え方では、私語の注意は彼らの人間性や考え方を批判したのではなく、彼らのうっかりした動きに注意をうながしたにすぎない。昔だったら生徒がキレるはずはなかったのである（本来ならば頭にきているのは教師のほうである）。ふつう生徒がキレるのは「こんなことをしてはいけません」と言われたときではなく、「こんなことをした君は○○な人間だ」などと人格的な規定（否定）をされたときである。だから、学校では昔から「こうしなさい」「こうしてはいけません」と、動き方で生徒を指導してきた。ところが、生徒たちに注意ができなくなってしまった。どうやら私語の注意も彼らには全人格を否定したかのように受け取られるらしいということがわかってきた。それくらい彼らの自我は「外」からの攻撃に弱くなったのであろう。「オレ様化」したというゆえんである。昔の生徒の自我より脆くなったのである。

それから私は生徒とのトラブルを避けるために、「○○君、しゃべっているように見える。一度注意します」という「注意」をするようになった。このことを業界外の人たちに話すと必ずドッと受けるのだが、ジョークで考えついたものではない。従来の教師のありようから見てかなりみっともないが、こう言わないと一人ひとりとのエンドレスなトラブルになり、まさに授業の進めようがなくなるだけでなく、恒常的な教師としてのメンツも立たなくなる。

教師のおこなう生徒への注意や評価は彼らを社会的に求められている値に近づけようとする営みの一環である。にもかかわらず、この頃から生徒の言動についてのコメントができにくくなっていった。教師はフロイト的に言えば「象徴的な父[10]」の一部としての役割を果たすものだと思うが、それができなくなったのである。

子ども（生徒）たちはすべからく自分について「外」から批評されることを拒むようになった。「外」や「まわり」の助けや支えなしに自立していると勘違いしているのであろうか。そして、生徒への注意や評価ができなくなった。実際、うっかり注意すると永遠に和解できなくなってしまう。このあと成績のいい伝統校に行ってもできなかった。教師は社会を代表するものでも「象徴的な父」でもなくなった。社会という大きなものが、子ども（生徒）たちにとってその程度のものになったとも言える。つまり、権威のなくなってしまった教師は、まさしく子どもたちの主観にとっての社会を表象しているのであろう。逆算すれば、子どもたちの「個」の意識がものすごくえらくなったのである。

「○○君、しゃべっているように見える。一度注意します」は、一種のサジェスチョンのように聞こえるから受け入れるかどうかは生徒にまかせられる。サジェスチョンであるかぎり生徒が聞く耳を持つのは当然である。判断は本人にまかせられるので生徒の主体は自由である。また、私は生徒への話をするさい、授業内容にかんしても英語でいう「アイ・シンク」

をつけて展開することになる。アイ・シンクには「みなさんもそう考えるべきである」という押しつけはない。そのあと転勤した伝統校でも「言いたいこと」「伝えたいこと」「知ってほしいこと」はかなり注意してアイ・シンクを使いながら話すことにした。

ところが、それでもどこかから「あの先生は押しつけている」という生徒からの反発が伝わってくる。やはり、一部の子は押しつけのように受け取っているらしい。こちらとしてはあれほど「私はそう思う」という限定をつけているのに、どうしてかという疑問があった。私が押しつけがましい声音や顔つきをしている事実は否定しがたくある。また、教師のする話とはみんなそういうものでもある。だからこそよけいに注意を払っているつもりなのになぜだ、という気持ちだった。あとでわかったことだが、押しつけと感受した生徒たちは、私に対する抵抗的な姿勢で話を聞いていたのである。つまり、生徒が教師の話を聞いているのではなく、私という教師の自我の物語を、生徒それぞれの自我の位置で聞いていたのであった。教師の話を自我の位置で聞く生徒は、自分を変革できない。自我と自我は相争う必然がある。[11] そういう生徒たちが私という教師の話を押しつけと取るのも当然である。

比較の拒否

もうひとつの「新しい生徒」たちの大きな特徴は「比較をしなくなったこと」である。比較にはたとえば「理想的な人間像」と自分とを比較する最上級的な比較と、自分と他人《ひと》を比較する比較級的なものがある。両方ともしなくなった。クラスや班のなかで生活していても、自分がどう見られているか、自分がどの位置にいるかを気にしなくなった。日本的な「世間」の領域は消失したのである。どこで気がついたかというと、学校で問題行動を起こして事情調査すると、その生徒たちがよく「センセエ、オレはふつうだよ」と言いはるようになったのである。最初はその真意がわからなかった。別に問題行動を否認するために言っているのではないらしい。当然、問題行動で取り調べをするわけだから教師のほうに当の生徒への特別視はある。それを感受して、「センセエ、オレはふつうだよ」と言うらしい。自分がほかの生徒と違うと思っていない（客観的視点がない）。自分の位置が「ふつう」だと思っている。昔の教師の感覚なら「ふつうの生徒が悪いことをするはずがない」と決め付けるところである。学校で喫煙や恐喝をする生徒がふつうのはずはないと思うのが当然である。自分の客観的なありようと自己イメージとがかなりずれている。「自分が思っていること」が客観的なのである。自分を「外」からのまなざしで見なくなった。

私たちはふつう自分で見ている自分と、「まわり」からこう見られているだろうなと思っている自分と、二つの自己のイメージを持っている（どちらも自分がそう思っているのである）。これが「消費社会的」段階に入り、自分を「外」から他人の目で見る力のほうを失ったのであろう。たとえば、誰にとっても自分は自分にとって「特別」という意識はある。これは当然である。だが、このとき「自分は自分にとって『特別』」から「自分にとって」という意識がなくなってしまったらどうなるのだろうか。あとに残るのは「自分は『特別』」だけである。これが「消費社会期」の子ども・若者たちの基本のありようのような気がしてならない。すなわち、「自分にとって」という意識はすでに他人《ひと》からのまなざしを内面化したものだからである。

誰にとっても自分は自分にとって「特別」だが、他人《ひと》の目からはそうではないということを昔の子どもたちは知っていた。「消費社会期」の子どもたちは自己の「特別」を平気で特権化してしまった。自分とほかの生徒（子ども）とを比較しなくなったのも、自己の特権化（これは子どもだけでなく「消費社会期」の人間的特徴のひとつであろう）が進んだ結果、自分とほかの子ども（生徒）がユニット（単一の形）として同じものという意識も消えてしまったとも考えられる。

比較はユニットが同じでなければできない。逆に、子ども（人）は比較をすること、比較をされることによって他の子どもとのユニット性を確認し、ユニットである「個」の意識を確立していくものであろう。教師の注意や評価も教師が掲げている「生徒としてそうあるべき理想」からの比較や、他の生徒たちとの比較だから受けつけようとしない。自分は絶対的に「特別」なのである。成績の評価は近代の正義である数値で示されるのでやむをえず受け入れる。自分の人格や行動、考え方や意見についての教師の評価は一切受けつけない。子ども（生徒）たちは知識や学力についてはともかく、人間的な価値というか、生き方や考え方についての「外」からのコメントを受けつけなくなった。自己の「個」としてのありようを拒んでいるように見える。「この私」について語られたくない。「この私」は絶対に特別なのである。結果として、教師に生徒を指導する権能があることを認めなくなった。「君はこれこれでこうだね」などと言おうものなら強い反発が返ってくる。うっかりすると二度と口がきけなくなる。昔の生徒たちが結構おおっぴらにやっていた友だちへの評価も絶対にしない。まるで、それぞれが問題のない完璧な「主体」であるかのようである。自分について語られたくないから、他人《ひと》についても語らない。まるで共通性がないかのようである。自分というものの価値は絶対に自分のものであり、他人《ひと》の介入を許そうとしない。異常なほどに「外」や他人（親も含む）からの評価（比較）を恐れている。かなり幅のある優秀な生徒でも、あえて教師としてのコメントをしたりすると、「でも、それってセンセエの個人的見解でしょ」と受け流す。

大リーガーのイチロー選手が〈成功とはあいまいなものだが、それはまわりの人が決めるものではなく、あくまでも自分が決めるものだ〉（要旨）とテレビでしゃべっていた。ああこれこれ、この世代のこの頑《かたく》なさだよねと納得してしまった。〈成功とはあいまいなもの〉の意味がまったくわからない。イチローも自分の認める以外の「外」の価値を認めていないのであろう。

比較の拒否とは近代の忌避とも考えられる。比較とは近代の本質のひとつであるからである。人と人とが比較されるようになるのも近代になってからである。武士と農民ではユニット（単一性）が異なるから、誰も武士Aと農民Bを比較しようなどと思わなかった。みんながひとの「個」として同じ（同じユニット）であるという観念がなかった。みんな同じひと（人間）という観念は言うまでもなく近代のものである。身分制社会ではその生まれによってそれぞれの固有の価値が決まっていた。個人という概念もなかったし、人のAと人のBが比較されるなどとは考えられもしなかった。したがって、近代的な個人という考えが誕生し、個人と個人が比較されたり、身分にかかわらず能力的な競争ができるようになったことは人間の自由の前進であるとも言える。

問題なのは、ひとのユニットである近代的個人というものが単なる「ひとりの人間」を指していないことである。近代的な個人としての共通項（共通の資質）を持っていることが求められる。近代社会とはどういうものかについての認知や、近代生活を営んでいくための知識や技量、市民生活に参加する政治的能力など、近代社会に生きる個人に必要とされるものがある。近代人はどんなありようも許されるわけではない。近代的な個人や市民といった場合、その個人《ひと》特有の思い込みや自己認識を超えたある客観的なありよう（「客観値」）が求められる。たとえば、A君とB君が比較されるとする。ものを比較するときもそうだが、同じユニット（単一の形）と認定されなければ比較できない。比較されるということは、すでにA君とB君がほぼ「同じもの」であると認定しているのと同じなのである。A君やB君の持つ「この私」とか「かけがえのないこの私」という感情や確信は、ここではまったく考慮されない。A君やB君の「私の独特なあり方」や「私が私である感情的根拠」のようなものがいったん捨象（否定）されてしまう。

「全能感」から卒業せよ

つまり、「消費社会期」の子ども（若者）たちは自己が自己であるという確信を「私が私である感情的根拠」のようなものに求めている。人はそれぞれ他人には理解されないような「私そのもの」といった感情や確信を持っている。これは自分にしかわからないもので形状や質量やユニットを持たない。形状や質量やユニットを持たなければ比較しようがない。他人の「私そのもの」と比較しようがないものだから、自分にとっては絶対的なものである。他人の「私そのもの」が見えれば自分の「私そのもの」と比較ができ、自分の「私そのもの」

は相対化されてしまうが、こういう人の自己の原形であるような「私そのもの」は自分にとっては絶対的である。ふつう、そういう「私そのもの」に、ほかのみんなと共有性を持つ市民とか個人という仮面（ペルソナ）をかぶって人は生きてきたと考えられる。[12]「オレ様化」してきた新しい子ども・若者たちは、そういう近代的な個人としての能力に欠けてきているのではなかろうか。

江戸時代の農民は「私そのもの」にすこしばかりの社会的な力を身につければ一生生きていけたのかもしれない。商人となると読み・書き・そろばんのほかに、市場や他の地域のことを知るかなりの社会的な力を必要としたろう。近代は「私そのもの」から近代的な市民（個人）である「私」を形成しなければならなくなった。近代人は「私そのもの」に依拠して生きることはできない。「知」と「生産」と「政治」と「自己」の主体にならなければならなくなったからである。だから、近代の公教育が必要となり、子どもたちからそういう全般的な知的な生活主体を形成するのが普通教育の任務となった。

（三）幼児期の全能感と「特別な私」

人の持つ「私そのもの」「この私」のような「自己感情」的なものは、幼児期からの「全能感[13]」が温存されたものであろう。「全能感」はなくならないし、誰も「全能感」を捨て去ることはできないが、精神分析的には「超自我[14]」によってこれを抑えると考えられている。

もちろん、「超自我」といった道徳や良心の形成には「象徴的な父」との出会いが不可欠である。キリスト教を欠くために「象徴的な父」をも代行する日本の学校は、子ども（生徒）たちの「私そのもの」を抑え、近代社会にふさわしい市民（個人）を構成するために近代の技法である「比較」を、成績のみならず生活面においても多用してきた。したがって、「比較」を拒む「消費社会期」の子ども・若者たちは近代人としての「私」を装うことができず、比較不能な「この私」に後退しているとも考えられる。学校は成績評価、人物評価、規律や規範を提示することによって、子ども（生徒）たちに近代的な個人（市民）の「客観値」を示し、自己との距離を測らせようとする。距離が測れるようになるということは、「私そのもの」へのこだわりを少なくして、世の中に通用するおとなになることだと表現してもいい。

幼児期の「全能感」に由来する（と思われる）「私そのもの」への執着は、成長しても誰にでもつきまとう。だが、人がそれにこだわっているかぎり、かえって「私そのもの」を生きのびさせることはできない。近代では人は「私そのもの」では生きられず、「私」（社会的個人）という社会的なあり方を生きるしかないからである。「私」はどの近代人にも内属している「個」の意識であり、主体の意識である。おとなになるということはまず「私そのもの」が社会的に生きる「個」の意識ではないことを認識し、ほかの誰からも認知される「私」のレベルで生きねばならないことを認めることではなかろうか。そのとき、子どもの内部（内面）で多くのものが断念され、彼（彼女）の持つ「私そのもの」が実は「主観値」であることに気づくのである。自己のあり方の「客観値」と「主観値」の区別がついたとき、はじめて近代的な「個」（「私」）のイメージ（範型）が確立し、「私そのもの」が内面において適正に温存される保障を得る。もちろん、これはそれからもずっと安定して続くといった固定した精神状態ではないが、自由で奔放な「私そのもの」と、「外部」に表示して生きる「私」とが区別できるようになったとき、いわゆる一人前のおとながほぼできあがると考えられよう。

（四）なぜ「校内暴力」は起きたのか

学園闘争と校内暴力の違い

日本が「消費社会的」レベルに入って四〜五年後に、子ども・若者問題にとって大きなメルクマールとなる「校内暴力」が起きる。これをどう位置づけるかによって、現在にいたるまでの子ども・若者問題の認識がかなり変わってくる。「校内暴力」は一九八〇（昭和五十五）年前後に中学校で対教師暴力として発生した社会現象を指す。その一〇年前の一九七〇（昭和四十五）年前後には多くの大学と一部の高校、中学で学生（生徒）たちの政治的反乱があった。高校、中学ともに成績がトップクラスの学校の生徒たちである。その一〇年後に中学で「校内暴力」を起こし、教師たちに「反抗」したのは勉強のできない生徒たちであった。

ジャーナリズムは「校内暴力」を学園闘争の延長線上に位置づけた。青年たちの学校体制への異議申し立てとしてである。おとな対子ども（青年）の世代間の抗争が今度は中学で勃発したというのである。近代の若者の特徴である青春の反逆である。一〇年前は成績のよい生徒たちの反逆であったが、今や中学の勉強好きでない生徒たちまでもが立ち上がったのだ。まさに学校が生徒を抑圧するシステムになっていると分析した。進歩思想にとって若い世代は「永遠の可能性」である。旧い日本、遅れた学校を改革するための青年たちの運動と位置づけられたわけである。

「校内暴力」を起こした中学生たちは何を主張し、何を要求したのであろうか。ほとんど何も記録されていない。その点で七〇年前後の学園闘争とは大違いである。もちろん、学校では教師たちと対峙して「何ごとか」を言ったのであろう。学園闘争のような思想的な共通点が確認されていないから記録されていない。管理教育に対する反発や、教師への反発・不信はマスコミが解読した。中学生たちは自分たちの気持ちや心情、学校や教師への反感をうまく言葉化できなかった。彼らが頭が悪かったからではない。彼らの気持ちや衝動を表す言葉やコンセプトが当時の社会になかったのである。だから、ジャーナリズムには把握できなかった。彼らは「何ごとか」は言ったのであるが、その真意は伝わらなかった。生徒たちの気持ちや感情はジャーナリズムに理解できる形と質に変形され、教師(学校)と生徒との管理上の対立に読み替えられてしまった。

教師たちも生徒たちが何を主張し、何を要求しているかわからなかった。実際、「校内暴力」は何ごとかの要求運動ではなかった。教師たちから見て中学生たちは何も要求していなかった。にもかかわらず、暴力をふるったり、指導に従わない。もちろん、一〇年前の学園闘争のときにも教師たちはその意味はわからなかった。しかし、何を主張（要求）しているかはわかった。当時は、まだ、教師と生徒は同じ文化性、コード、時代感覚にあり、言葉は通じていたからである。

教師というものは、あまり時代の影響は受けず変わっていない。年齢の差はあっても教師は教師らしい。しかし、子どもは、七〇年代の子どもと八〇年代の子どもではかなり違っている。社会構造が大きく変動し、その変動は子どもたちに一番強く伝わっているからであろう。すでに、教師と生徒の間で言葉はかなり通じにくくなっている。教師にとって学校は子ども（生徒）たちみんなを教育する公共空間と認識されているのに対し、子どもの興味はただ「この私」がどう扱われているかになってきている。とりわけ、学校の中心である授業や勉強に興味や関心を持てなくなっている生徒たちにとってはそうである。

「校内暴力」の生徒たちに「学校はこう変わってほしい」といった（政治的）要求があったわけではない。彼らは一〇年前の反戦生徒・造反生徒たちのように社会や教育を視野に入れて考えていたわけではないし、ほかの生徒たちを理念的にも「代表」していたわけではない。彼らはただ偏差値体制が進んで成績中心主義に純化されていく学校のなかで、「この私」の扱われ方が気に食わなかったのであろう。「私」（「個」）の扱われ方が問題であればほかの生徒（「私」たち）も「代表」していることになり、ほかの「私」（生徒）たちにも波及していく（運動化していく）が、「この私」の扱われ方の不満は「この私」だけの問題である。そういう問題は暴力行為としての表現たりうるが、みんなに通じる言葉にはなりようがない。「校内暴力」で八〇年前後に中学生たちが荒れた。生徒たちの個々に彼らを衝き動かす衝動や理由があったことは間違いない。その衝動や理由は言葉化されなかった。言葉化されるには主語が「この私」ではなくて「私」でなくてはならない。ひとの「この私」（「私そのもの」）はそれぞれに固有の独自性だから、言葉（表現の世界）から排除されてしまう。人類はまだ「この私」を表現する言語を所有していない。そういうものは芸術的なものとしてしか「表現」できない。人が孤独なのは、「この私」は決してほかの人に対して表出されることはなく、ただ自己だけが強く確信しているからなのであろう。生徒たちがアクションを起こし、その理由として言葉を求められる。言葉は教師と生徒の両方に（そして社会に）通じなくてはならない。生徒が「教師がうぜえ（うざったい）」とでも言えば、ジャーナリストは「管理のゆきすぎだ」と翻訳するしかなかった。

子どもが「生徒」という社会的枠組みに入っているかぎり、教師は生徒（子ども）を「理解」できる。生徒はこうあるべきだとする「客観値」があるから、それと比較してこの生徒はこうだと「理解」できる。だが子どもの、人としてのありのままのすべてを理解しろと言われても無理である。「神」ならぬひとである教師に（ひととして対等である）子ども（生徒）のありのままのすべてを把握することはできない。ところが「校内暴力」で生徒たちが暴れだすと、子ども（生徒）たちの抱える個人的（内面的）な問題のすべてを教師は把握し、理解すべきである、理解できないのはおかしいという議論がまかりとおるようになる。これは今でも変わっていない。

「校内暴力」を起こした中学生たちに一番がまんできなかったのは、管理が強まったことではなく、成績（偏差値）だけで人間そのものが判断されるかのような中学の受験体制ではなかったかと思う。だが、管理主義の強化には反発する正当な理由（個人の自由が抑圧される）があるが、能力主義の徹底には反対する根拠がない。近代の能力主義そのものが個人を誕生させ根拠づけているからである。当時、偏差値による生徒たちの序列化は完全にできあがっていた。三か月に一回実施される業者テストで、自分が全県でどの位置にいるかが示される。その順位によって受験校のメドをつける。どのレベルのどの高校に行くかが業者テストで完璧に「決まって」しまう。本人の希望は第二次資料、第三次資料にすぎない。受験する本人の気持ちや意志の入る余地がない。高校の輪切りがより徹底して進められ、いわゆる底辺校が固定化していく。

偏差値のもたらしたもの

一九七九（昭和五十四）年に新設の普通科の高校に転勤した私の経験を語ってみよう。八一（昭和五十六）年にはまだ中学校の地元高校重視という建前が生きていて、リーダー層を含むそれなりの生徒たちが入ってきた。学校を活発化することができた。それ以降、年を追うにつれて成績の比較的いい生徒、行事や部活で活動力のある生徒は来なくなった。八〇（昭和五十五）年に入学した生徒たちは八三（昭和五十八）年に卒業し、三分の一が大学・短大に進学した。このあと急激に、入ってくる生徒の成績や生活力が下がってくる。少しでも上の高校へ入れたいという親たちの要求によって、地元の高校へ入れようという中学の教師たちの建前が敗けたのである。私学の受験校への転換もあり、公立高校のランク付けが固定してしまった。

学校の管理が厳しいことは教師の責任にできるが、成績が低いことは他人《ひと》の責任にはできない。みんなが同じ授業を受けている。もともと一人ひとりに能力の差はないと近代の能力主義は説明する。みんなが横一列になって競争できるのも、近代が「個」にとって自由になったからである。「やればできる」と親も教師も言う。本人も「やればできる（はず）」と信じている。「やってもできない」自分は認めたくない。能力主義は「個」の自由を基本とする近代の公理だから、子ども（生徒）たちも否定するわけにはいかない。誰も能力主義は否定できない。このやり方が本当の能力主義なのかと「疑う」だけである。

能力主義を否定するということは、近代の個人を否定するようなものである。だから、能力主義を否定するわけにはいかないが、「この私」は勉強をやりたくないし、やってもできない。一方、成績や能力の差は、人の全体性にとっては一部にすぎないとは、共同体的な人間観から言えることである。できる人もできない人も、それぞれの能力や個性を生かして支え合いましょうと言うのは共同体的発想である。日本でも七〇年代ぐらいまではまだそういう気風が残っていた。学校でも能力の高い人はたくさん仕事をやり、あまり力のない人はそれなりにやっていた。それで当然だった。しかし、共同体的な人間観から離脱しつつある市民社会的な人間にとっては、すべてが競争的な関係なのである。弱味を見せたらつけこまれる。自分は自分で守るしかない。

「消費社会」は〈初めての純粋な資本主義〉(15)とも言われるが、何でもお金で換算することが一般的になる。お金は異なるものを比較する基準になるので「産業社会的」レベルでも多用されるが、人にかかわることにも全面的に顔を出すようになるのは「消費社会期」になってからであろう。近代の「農業社会的」段階にはその人物の収入が必ずしもその人物評価にはつながらなかったが、「産業社会的」段階でかなり重要視されるようになり、「消費社会的」

段階ではおおっぴらに収入（お金）でその人物の価値は決まるようになる。学力差や能力差は一人ひとりの「個」の経済的上昇にはねかえることはみんな知っている。「消費社会的」社会は、経済が生活や精神を全面的に規定してくる時代である。〈純粋な資本主義〉であるゆえんであろう。

学力差は容姿、外見などと異なり、必ず数値で示され、客観的である。個人の主観や思い込みを超えて全体に通用する。人はみんな対等（等価）であるというメッセージは商品経済の浸透のみならず情報メディアや法律などを通じて広まる。学校の「知」も近代的で合理的に組み立てられており、子ども（生徒）たちに「みんな対等」「人は同じ」というメッセージを注入し続ける。ところが、学校にはどうしても同じではなく、「個」の幸福にとって決定的なものが厳としてある。それが能力差であり、成績であり、偏差値であった。

(四) なぜ「校内暴力」は起きたのか

ほとんどすべての中学生が高校へ進むようになり、中学校が親たち（市民社会）の欲望に煽られて偏差値体制を固める。成績の悪い生徒たちは居心地が悪いばかりか、息ができないような閉塞感を味わう。自分たちの居場所がない。しかし、彼らは学校で不当に差別されているわけではない。みんな平等に扱われているのである。平等に扱われても成績の差は必ずつく。一昔か二昔前だったら不良（はずれ者）としての生活を全うできたかもしれない。不良であることが彼らの自尊心を救う可能性がある。でも、偏差値一本になった中学校では不良の生きる余地はない。教師たちものわかりがよくなり、「勉強できない奴はおとなしくしていろ」などと「挑発」したりもしなくなった。

学校では間違いなくみんな平等に扱われている。家柄や身分による差別はない。みんな一律に同じに扱われている。だが、成績は必ず上から下に順番に並ぶ。上の生徒はいつも上であり、下の生徒はいつも下である。学力や能力は個人のものである。その「私」の学力の低さを生徒たちはどうやって正当化することができるのだろうか。「やればできる。やっていないからできないのだ」と内心で思っていても、いっこうにやる気は起こらない。それを自己正当化する根拠も見つからない。自分ひとりで自己満足することはできない。自分が納得できるためには、ほかの人も認めるような根拠でなければならないからである。

「校内暴力」の生徒たちがひとの尊厳をかけて自己正当化するには近代の能力主義を否定するしかなかった。「そんなものはオレには関係ないよ」と言えばよかったのである。しかし、それは今でも誰にもできない。今でもみんな能力主義自体を批判することはできず、そういうやり方では本当の能力は形成できないと周辺から攻撃するだけである。ましてや、当時の生徒たちに否定できるはずはない。能力主義という近代の公理を否定するためのコンセプト（言葉）は存在しなかった。世の中にそれを表現するコンセプトがなければ言葉に表現できないし、他人に伝えることはできない。他人に伝えることのできない情念を持っている生徒たちは近代的な「個」になることはできず、「私そのもの」「この私」とでも表現するしかないものを表現しようとして暴力に及んだのである。

生徒たちは教師に向かって暴力を発動した。きっかけは何でもよかった。教師が彼らの自我の直接の対象であったからである。彼らの内面(「この私」)には行為の理由があったが、「この私」の持つ理由であるかぎり世の中に通用している何らかの正義につながることはできない。ジャーナリズムも教師の管理主義への反発と位置づけるしかなかった。学校の問題はすべて前近代的な欠陥(体質)と捉えることになっていたからである。ああいう事態は特別な感性を持った者にしか理解できない。

私は当時まだ「校内暴力」の余波の及んでいない高校の教師であったが(そのあと、とりわけ下のほうの高校が影響を受けることになる)、教師としての勘で「校内暴力」に対するジャーナリズムの位置づけが完全にズレていると思っていた。そして、一九八三(昭和五十八)年に「昨今は『能力による差別』という公認の差別状態から暴力が発生しているのである。そしてまた、その差別が公認のものであるゆえ、落ちこぼれ部分の非難は、一〇年前と違って、学校のシステムにではなく、教師個々人の私的態度に向けられる必然を持っている」と書いている。(16) 今読み返してみてもほぼ妥当な「校内暴力」評価と言えるのではないか。

（五）変わる子ども、変わらない教師

保守的な論じ方、進歩的な論じ方

子どもが大きく変わってきたことについては今や誰もが認めている。子どもは変わっていないと言いはってきた教育評論家たちも世の中の動きに合わせてかその変化を認めている。違いはその論じ方だけである。その変化はおおむね「わがままになった」「耐性が低くなった」「自我が肥大化した」「友だち関係が薄くなった」「すぐキレる」などが特徴として挙げられ、総じて生活力や社会的な力が低下したと捉えられている。要するに、「外部」との調整や人とのつながりを構成する面が弱くなったということであろう。確かにそのとおりであり、一つひとつは当たっていると思うが、「新しい子ども」たちをトータルに捉える上ではもう少し別の語られ方が必要ではないかという気がする。というのは、見方を変えれば「わがままになった」は「自分の不利益には黙っていない」に、「耐性が低くなった」は「自己主張をするようになった」に、「自我が肥大化した」は「『個』が確立した」に、そして、

「友だち関係が薄くなった」は「より他人《ひと》に対してオープンになった」に読み替えられるからである。「すぐキレる」だけがどう見ても絶対的なマイナスでプラス的に読み替えることができない。

つまり、「新しい子ども」たちの否定的な特徴は、見方によってプラスに考えることができる。「わがままになった」と言えば完全に否定的に聞こえるが、置かれている状況や相手の言うことに安易に従わない主体性があると考えればプラスに読める。そして、前者の「わがままになった」「耐性が低くなった」「自我が肥大化した」「友だち関係が薄くなった」の側には、現在の子どもたちを位置づけるうえでもある基準が設定されている。その基準から測って現在の子どもたちをマイナス的に位置づけていることがわかる。その基準とは昔の子どものありようであったり、子どもはこういうものであるべきといった世の中的な「客観値」である。それに対して、後者の「自分の不利益には黙っていない」や「自己主張をするようになった」、「『個』が確立した」や「より他人に対してオープンになった」は、世の中的な子どもはこうあるべきといった「客観値」は無視して、ひたすら「個」の自由を基準にしていることがわかる。つまり、前者の子ども認識と後者の子ども認識とでは価値観の基軸がずれている。

わかりやすく言えば、昔の子どもたちのありようや、子どもはこうあるべきといった世の中的な基準から子どもを論じるのが、コンサーバティブ（保守的）な考え方で、今までの伝統的な子どものありようとは関係なく、子どもの「個」というものに基準をおいて子どもを語るのがリベラル（進歩的）な語り口ということになる。本章ではコンサーバティブを「共同体的」、リベラルを「市民社会的」と表示して論を進めたいと思う。もちろん、この二つは世界の見方の二つの流れなのであって、どちらが「正しい」といったものではない。「共同体的」に眺めるとこうなり、「市民社会的」に眺めるとこうなると腑分けするなかで、どちらがより「現実的」であるかを問いたいと思っているが、予感としてはどちらか一方が「正しい」という二項対立的なものではない。なお、誤解を恐れずに乱暴に規定しておけば、社会（集団）があって「個」がいるという考え方をするのが「共同体的」であり、まず「個」がいてそれが集団や社会をつくるという発想をするのが「市民社会的」である。

「贈与」と「商品交換」

ここから私が述べてきた八〇年代中葉からの子ども（若者）たちの変容を、その特徴を一つひとつあげつらうのではなく、教師と生徒のコミュニケーション（相互行為）の質の転換として論じなおしてみたい。戦後日本は「農業社会的」な近代から「産業社会的」な近代へ、そして〈純粋な資本主義〉としての「消費社会的」資本主義へと転換してきた。大きく共同体的な社会から、より近代的である市民社会的な社会へと移行してきた。したがって、そこでの人と人との関係も共同体的なつながりから市民社会的なものへと変わってきた。共同体的な関係とは、たとえば親と子はそれぞれ個人であるが、親と子の関係には親のほうに一種の優先性があるとする考えである。教師と生徒も（市民社会的には）人と人という対等性があるが、教育関係においては教師のほうに優先性（指導性）があると考える。これが共同体的な見方ということになる。

市民社会的な人と人とのつながりとは、市民社会の本質とも言える商品売買がそうであるように、人（売り手）と人（買い手）とはいかなる意味でも対等である。共同体的な社会における人びとの相互行為（コミュニケーション）は「贈与」であり、市民社会的な社会における価値のやりとりは「商品交換」（売り買い）ということになる。教育の場合、よく「教える―教えられる」という言い方をするが、これは明らかに共同体的な表現で教師が主語になっており、子ども（生徒）は「教えられる」の主語だが受け身（的）になっている。この表現では教師のおこなう教育は子どもたちへの「贈与」と考えられている。教師が「教え」、子ども（生徒）が「学ぶ」と言えばかなり市民社会的、すなわち、「商品交換」的なイメージとなる。公教育は世界的に国家教育のシステムをとっている。普通教育が国家から国民への「贈与」として受け取られていたのも当然である。

（五）変わる子ども、変わらない教師

教師たちの意識では教育活動（行為）は「贈与」である。教師の主観から言うと「教え」に見合うだけの勉強（成果）が返ってくることは絶対にないから「商品交換」（等価交換）であるはずがない。「贈与」は実感にぴったりくる。そして、「贈与」は基本的に与える側からの一方向的なものであり、与えられる側に「負債」の意識を与える。私たちの感覚では「贈与」と言うとすぐに「お返し」が思い浮かぶが、これはすでに私たちに「商品交換」的な発想が沁みついているからであろう。「贈与」に対して「お返し」はもともと想定されていない。「贈与」は優越した側からの恩恵であり、「お返し」をすれば「商品交換」的なものになる。「商品交換」は双方向的な相互行為（コミュニケーション）であり、売り手の手にするものと買い手の手にするものの価値は同じということになっている。

私が高校教師になった一九六〇年代に学校や教師が生徒や親よりも教育関係において「上」に見られていたのは、共同体的感覚が残っていたからである。私たち教師も、教育にかかわることで自分たちのやっていることが生徒や保護者からの批判にさらされる可能性があるなどとは思ってもいなかった。そこでは、教育は国家や社会共同体からの国民や住民への「贈与」（国民に対する啓蒙）と考えられていた。生徒や親たちは一種の恩恵を受けているものと考えられていた。したがって、生徒が不祥事を起こして退学や処分になっても、クレームをつける親や生徒はいなかった。

しかし、日本の戦後社会は短い「産業社会的」段階をあっという間に経由して現在につながる「消費社会期」に突入する。家庭生活のすべてがお金でまかなわれるようになり、家庭の経済力もついて子どもも「ものを買う者」（消費主体）として自立していく。消費主体としては何らおとなと相違ない資格を有するようになる。商品経済がこまごまとした生活の全体をおおうようになれば、「商品交換」的な発想や考え方が強くなるのは当然である。たとえば、戦後アメリカ民主主義が入ってきて人と人とは「平等」という意識は早くからあったが、それが人々のなかに定着していくのは高度経済成長に入って家計にお金の占める割合が高くなってからである。商品経済は人々の対等の意識を高める。そうなると人と人とのコミュニケーション（やりとり）も、共同体的なものから対等なものへと読み替えられていく。

教師の権威はなぜ失墜したのか

今からふりかえると、一九七〇年代を通じてどんどん教師の（共同体的な）権威は低下していったことがわかる。教師の共同体的な権威とは「とにかく先生には従うべきだ」という一種の信仰である。一人ひとりの教師の権威が低下していくということではなく、教師と生徒との関係性を生徒も親も対等なものに読み替えはじめたのである。つまり、教師に対する子どもや生徒の位置が上がっていったのである（ついでに言うと、子に対する親の権威も同じように低下していった。親の権威も一人ひとりの親の持つものではなく共同体的なしきたりによるものだからである)。

このように考えてくると、子どもが変わったということは、子どもが「共同体的な子ども」から「市民社会的な子ども」に変わったのだと規定することができよう。進歩主義のイデオロギーから見ると万万歳というか文句なく結構なことに見えるかもしれない。子どもや若者たちの実態に何とも感じなければ、日本も近代が成熟してよかった、よかったということにもなろう。事実、一九九七(平成九)年の「神戸児童連続殺傷事件」まではそういう論調が圧倒的だった。子どもが市民社会的になっているのに、学校が共同体的なやり方に固執しており、子どもに合っていない、時代に遅れていると執拗に言われ続けた。しかし、だんだんとわかってきたことは「共同体的な子ども」が「市民社会的な子ども」になったということはそれほど目出度い話ではなさそうだということである。私たちは近代になればいい社会になると思い込んできたが、近代はそれほどすばらしい、やさしい社会ではないということが見えてきた。

これから共同体的な「贈与」と市民社会的な「商品交換」のパターンを使って、子ども(若者)たちの変わり方を論じなおしてみる。まず、喫煙の事実を認めなかった生徒A君と、カンニングペーパーが答案用紙の下にありながらカンニングの事実のみならず、意志すらを否定した生徒Bさんの例を考えてみよう。昔の生徒たちは自分のした行為の事実を否定することはほとんどなかった。生徒も教師も、事実とは客観的なものであると信じていたとも言える。いつ頃からかお互いの「客観的」がズレてきたのである。事実そのものが違って見えるようになった。教師は変わっていない。生徒（子ども）が変わったのである。子ども（生徒）がいつの間にか自立した「市民社会的な子ども」になっていたのである。

生徒A君はたまたまトイレで喫煙しているところを教師に見つかった。喫煙そのものは法律で禁止されていることもあり、「吸って悪いか」と居直るわけにはいかない。喫煙を認めれば学校側から処分という「贈与」が与えられる。彼は「市民社会的な子ども」の本質から言って、一方的な「贈与」をそのまま受け取るわけにはいかない。前もって「お返し」をすることによって「贈与」を「商品交換」（等価交換）のやりとりに換えてしまいたい。一方、学校（教師）側は生徒A君の好ましからざる行為に対して家庭謹慎三日などの「贈与」を与えることによって、A君が「まじめな生徒」になること（「お返し」）を期待している。

だが、A君も、カンニングをしようとした（した）Bさんも学校側が下すことが想定されている処分が、自分がした行為のマイナスと釣り合っているとは思えない。とうてい「等価交換」とは思えない。彼および彼女は自分の行為の、自分が認定しているマイナス性と、教師側が下すことになっている処分とをまっとうな「等価交換」にしたいと「思っている」。

市民社会的な「個」として一方的に下される「贈与」にはがまんできないし、どう考えても公正ではないと「思っている」。しかし、ここで「商取引」を開始する立場にはないし、対等な「等価交換」が成立するはずがない。そこで自己の考える公正さを確保するために、事実そのものを「なくす」か、できるだけ「小さくする」道を選んだ。これ以降、どこの学校でも、生徒の起こす「事件」の展開はこれと同じものになる（今までもそうである）。

授業中の私語はどうであろうか。昔は一人ひとりの「みんな」で授業を受けていたのである。〇年〇組の生徒たちの授業だとみんなが思っていた。それが共同体的な感覚である。誰かがエスケープしたりしていると、教師は授業をやらないで引き上げてきたりした。みんなで逃げた生徒を捜しに行ったりした。そして、クラスの委員が「先生、授業をお願いします」と職員室に呼びにきた。これはもちろん共同体的な規制を利用しているから、サボりたかった「個」には不自由と言える。だが、捜しに行かれた生徒は共同体的なものに保護されたとも言える。共同体的な力が働いていたから「みんなに悪い」と思い、自己規制したのである。

今や授業中の私語はしゃべっている子（とその話し相手）だけの問題である。教師と生徒、および生徒と生徒のあいだに共同性が働いていないからである。教師がつくっていると思っている授業空間と、生徒の個々が参加している授業空間とがズレている。教師が授業空間を統括し、その指導性（優先性）のもとに生徒たちが学んでいるのだと考えれば共同体的な捉え方である。こういう常識的とも言える伝統的な授業の見取り図は、実は旧文部省の「新しい学力観」がもっとも否定したかったものである。「新しい学力観」は教師の指導性を半ば否定しながら「教師主導の教育から子供主導の教育へ」「教師が指導するのではなく、生徒の学びを支援する」「生徒が四十人いれば四十通りのカリキュラムが必要」と主張した。

旧文部省「新しい学力観」の目論見

旧文部省はみんなにほぼ同じ内容を一律に教えて、市民（国民）の知的・道徳的インフラを確保しようとする明治以来の共同体的な国民教育を否定しようとした。つまり、教師主導の教育とは共同体的な「贈与」の教育であり、それを子ども主導の教育へと転換することによって市民社会的な「商品交換」的な教育にしようというわけである。「教師が指導するのではなく、生徒の学びを支援する」とは受け手（買い手、生徒）の望むものを送り手（売り手、教師）が与えようとする「商品交換」の発想である。従来の社会共同体（国家）からの一方的な「贈与」を子ども（生徒）の望むもの、子どもが学びたいものを教えると転換することによって市民社会的な「交換」にしようとしたのである。

もちろん、旧文部省は「市民社会的な子ども」に対して、従来の共同体的な教育のやり方は合わないと考えた。これは理屈としてはほぼ正しいが、現実としては半分しか正しくない。

荒っぽく言ってしまえば、共同体的な教育とは、社会が必要であると判断したものを子どもたちに学ばせようとするものである。市民社会的な教育とは、子どもの「個」が必要とし、望むものを子どもが学べるように支援しようというものである。前者は現実として展開しうるし、現にどこの国でもやっているが、後者は頭でっかちの非現実的なものであることはすぐにわかる。旧文部省流の市民社会的な教育が成り立つためには、子どもはすでに「知」的に自立していなければならないからである。子どもの「個」が自ら必要と思い、何を学ぶのかを自ら希望できるためにはすでに文明の「知」を所有している必要がある。そうなっていないから「学ぶ」必要があるのである。だから、本当はまず共同体的な教育として子どもたちに「社会が必要と判断しているもの」を学ばせ、そのプロセスのなかで「自らが必要とし、望むもの」を学べるように支援していけばいいのである。

日本の知的主体たちは単純に共同体的なものは駄目で市民社会的なものは優れているという後発先進国特有の暗示にかかっているから、「新しい学力観」のような悲喜劇が生じる。つまり、純粋に市民社会的な教育など(頭の中で成立するだけで)世界のどこにも存在していない。同様に、純粋に市民社会的な人間も存在してはいない。どこの国でも普通教育は共同体的な市民社会性や、あるいは、市民社会的な共同性にもとづいて展開されている。同様に、それぞれの国や地域の近代的市民たちも共同体的な市民社会性を身にまとっていたり、

（五）変わる子ども、変わらない教師

逆に、市民社会的な共同性のなかに生きている。さまざまな国や地域や宗教の共同体性（ローカリティ）を残さないで近代的な「個」が集まっている市民社会などありえないし、これからもない（アメリカの市民〔「個」〕のかなりの部分がキリスト教右派の共同性のもとにあることがブッシュ氏の大統領再選でも明らかになっている）。

旧文部省は共同体性を取り去ることによって、かえって近代的な「個」の形成が妨げられることがわかっていない。そして、文科省が「学力低下論」によって敗退した結果、その反動として今やもてはやされているのは、旧態依然とした「詰め込み主義」や「やる気のあるマッチョ的な教師待望論」[17]なのである。確かに、「市民社会的な（ひよわな）子ども」が授業に参加している。頭と身体が「商品交換」（人と人とは対等なやりとりをしなくてはならない）を求めている。いや、そう生きなければならないと「消費社会的」社会の倫理に脅迫されている。自分以外の誰かに判断を委ねたりしてはいけない。すべて自分で決めなければいけないのである。だから、「共同体的な子ども」と違い、教師の話を一歩退いて聞こうとしていない。つまり、学ぼうとしていない。

旧文部省は「新しい学力観」にもとづいて「生徒が四十人いれば四十通りのカリキュラムが必要」と言って、一斉授業をしている共同体的な教師たちを脅かしたが、確かに、四十人いれば四十通りの授業空間を生徒たちは内面で構築している。教師の授業内容については

「商品交換」(生徒からの介入の余地)の成り立ちようがないから、先鋭な「市民社会的な子ども」は、すでにどこかに不満を隠し持っているかもしれない。自分にとって自由がないからである。生まれてから貧困も抑圧も受けず、戦争も対立も経験せず、ずっと市民社会的な自由を満喫してきた。どうして「この私」の望む内容を「この私」の望むレベルとペースでやらないのかと不満に思っているかもしれない。

「このオレ様にルールを守らせようとするなら……」

こう考えてくると、授業中の私語への注意に、生徒（の一部）が無茶苦茶なリアクションを取ったその「真意」がわかるような気がする。自分が不満であるにもかかわらずおとなしく教師にすわっていたところへ、頭ごなしに一方的に注意されて市民社会的な「主体」が思わず立ち上がる。教師のほうはすでに彼の私語で充分に迷惑を受け、メンツがつぶされているので、一方的な注意が成立するはずだと思っている。だが、すでに子ども（生徒）たちは市民社会（「等価交換」のゆきかう空間）に「住んでいる」。市民社会では人と人は対等である。注意は一方的（「贈与」）ではなく、されるほうも納得される形でなされねばならない（「商品交換」）という感覚が生徒には強くある。

教師からの注意が5のレベルでなされるとすれば、それはされる生徒にとって5の納得のような「等価交換」でなければならない（当然、ここでは「教える―教えられる」という共同体的な関係は無視されている）。「オレだって言い分はある」と注意された生徒は「思う」。それが「しゃべってねえよ、オカマ。ふざけんじゃあねえよ」と感情的に表出されることもあるし、「横向いてしゃべってたって授業はちゃんと聞いているよ。これぐらいしゃべったって授業の邪魔にはならねえだろうよ」などといった半ば論理的なものになったりするのだろう。ここに教育関係はない。つまり、「交換関係（水平的）」では教育は成り立たない。教育とは、とりあえず共同体的（上下的）に始めなければならないのである。

あるとき生徒が外履きをはいて二階の職員室に入ってきた。これも八〇年代の話である。放課後のことで、その生徒は一度外へ出て用事を思いだしてそのまま職員室へ上がってきたのである。うっかりしてか確信的かは確かめられなかった。教員の一人が目ざとく気づいて頭ごなしに怒鳴った。生徒も怒鳴り返した。「そりゃオレも悪かったけど、いきなり怒鳴ることはねえだろう。口で言やあわかるんだ」。今考えるとまことにもっともである。こういう生徒があるときハプニングを起こし、教師と生徒の関係の破綻の時代の到来を告げる。まだ、その時点では教師には、よく事態や彼らの真意がわからない。いやな予感がするだけである。教師と生徒との（指導的な）関係に「等価交換」が適用されるなどとは思いもしなかった。もともと教師という生きものは資本主義なるものがあまり好きではない。

これは私自身が経験したことであるが、冬期の駐輪場の指導をめぐって起きた。冬になると寒くなり生徒の起きる時間が遅くなる。生徒のほとんどが自転車で通学する高校だったので自転車の数もものすごく多かった。ギリギリの時間になってみんなが学校周辺に集まるので、渋滞もある。校門へ入って手近な駐輪場に置いていってしまうので、自転車で校門を入った広場がふくれあがり清掃車が入れないことさえある。駐輪場はクラスごとに、クラス内も個人別に指定してあるが、守ら（れ）ない生徒もたくさんいる。そこで冬期は教師を出して駐輪指導をしなくてはならない。各学年二名ずつの六名で見張りをすることにした。何回か違反をした生徒は、生徒指導部長である私のところへ連れてきて、私がお説教して帰すことになっていた。

ある朝、三年生の男子生徒が一人連れてこられた。こういうことは喫煙やカンニング、暴力行為と違うので、形式的に注意して帰そうと思っていた。ただし、三回（三日）続けて違反したので言葉はきつく注意した。そのとたん彼は顔だけ私のほうにぐっと寄せてガンをつけ、「たった六人ぐらいで守らせようとするほうがおかしいじゃねえか」と言った。そういう態度にもまずびっくりしたが、「このオレ様にルールを守らせようとするなら、もっと教員をたくさん出してきちんとやったらどうだ。そうじゃないと釣り合いがとれねえだろう（「等価交換」にならないだろう）」という逆ねじの真意がすぐにわかり、あ然とした。あまり驚いて口がきけず、あわやというところを脇から担任がするどい声で彼の名を呼んで制止したので暴力ざたにはならなかった。これもまた先鋭な「市民社会的な子ども」の「等価交換」に固執する動きであることが今となってはわかる。

「市民社会的な子ども」の先駆的な暴発が一九八〇（昭和五十五）年前後の「校内暴力」であった。成績の悪い生徒たちによる、教師たちの「扱い」に対する「お返し」（対価）であり、自分たちの受けているマイナスの帳尻を合わせようとしたのである。彼らがそのことを意識していたかどうかはどうでもいい。すべての歴史的事件がそうであるように、当事者が「理解」していたかどうかは事件そのものの意味や歴史性に関係ない。学校においても共同体的なものが消失しはじめ、人と人とが「等価交換」をして生きるという厳しい時代に入ったのである。「校内暴力」はそういう時代の幕開けを告げる烽火となった。

子ども・若者問題は私たちが果たして本当に「等価交換」（純粋な近代）に耐えられるのだろうかという問いを含んでいる。参考になるのは、どこの先進国もすべて頭で考えうるような「純粋な近代」ではないことである。どこも共同体的なもの、独自なローカリティ、宗教色を温存した近代になっている。純粋で完璧な市民社会的な社会などどこにもない。また、どこも純粋な市民社会を実現しようなどと思ってもいない。まだ「本当の近代ではない」「まだ近代が成熟していない」と、やみくもに市民社会的純化を図ろうとあせっているのは、西欧の先進国と各地の中進国とのあいだに孤立している唯一の後発先進国である日本だけであろう。「新しい学力観」がその典型であった。

学校がまだ共同体的な要素を色濃く残していた頃は、教師や子ども（生徒）たちの人の見方も一元的にならずに、さまざまな人間がさまざまなありようで生活できていた。今でも良い学校というのはトップの私学であろうと、公立校の上位であろうと、その実態は共同体的になっていると私は確信する。市民社会的な孤立した「個」がでかけ、「個」として学んで帰ってくるといった、いわゆる予備校を煮つめたような学校が良い学校であるはずがない。私が最後に勤務したK女子高も生徒たちがクラス、部活、行事、生徒会活動といった共同体的なものに情熱を燃やす良い学校であった。良き伝統が（教師によってではなく）先輩から後輩へと共同体的に伝えられていた。彼女たちはもちろん「市民社会的な子ども（生徒）」ではあったが、共同体的要素ともよく折り合い、それを取り入れて三年間を精一杯学び、活動し、生活していた。

「いじめ」の構造

「市民社会的な子ども」の「個」の利害に一元化されない頃の学校には、成績の順番はあったがほかにも運動のすぐれている者や、掃除をよくやる者や面倒見のいい者やクラスの仕事を率先してやる者や、ただぐうたらしている者などいろいろな人間がそれぞれに存在していた。その頃は、お互いが必ずしも「等価交換」をする必要がなかった。勉強はやってもできないが掃除や仕事に身を入れてやる子がいて、そういう子もそれぞれに美しかった。「いじめ」が極端になっていった時期があり、進歩的で良心的な評論家やコメンテーターたちが口をそろえて日本的な「集団による同調圧力」なるものをその理由とした。つまり、共同体的な旧い集団主義が日本人にはあって、集団に合わせない者をいじめたり、はじきだしたりするという。まだ、市民社会的な新しい倫理観が確立していないからこうなるのだという。これもまた理屈としては成り立とう。だが、長いこと学校にいて子ども（若者）を眺めてきた教師の目からはどうしても納得できない。

「いじめ」が極端になっていったのも、子ども（生徒）たちの人間関係が共同体的なものから市民社会的なものへと変わっていったからであるという仮説を立ててみよう。つまり、共同体的な関係では「あいつは仕様のない奴だ」とか「あの人はああいう性格なんだよ」と好意的ではないにしても、いろいろな人間のあり方が許容されている（いた）ということがある。クラスや班で掃除をしても、みんなが同じようにきちんとやるなどということは絶対にない。指示をだしたりして全体をうまく動かそうとする生徒（こういう子は当然どんどん減ってきている）、ただひたすらに自分の仕事をきちんとやろうとする生徒、適当に手を抜きながらやった格好をしようとする生徒、まったくやらない生徒などみんなそれぞれである。それでも全体としては何とか掃除や仕事をこなすというのが共同体的な仕事のやり方である。力のある者が力のない者をカバーしている。

これは教員の仕事でも同じである。みんなが同じレベルと量の仕事をしているという建前にはなっているが、よく見ればそんなことはない。真面目にきちんとやる人、真面目だがきちんとやれない人、適当にやる人、適当にやらない人、できるだけサボろうとする人さまざまである。たくさんやる人もいれば、少なめにやる人もいる。能力の高い人もいれば、能力の低い人もいる。そんなことは当たり前である。「あの人はいつもこうなんだよ」などと悪口を言ったりしながらみんなで足りない人を補ってきた。ところが、子ども（生徒）が変わりだしたのと歩調を合わせて教員の集団も変わってきた。共同体的な気風が崩れて「個」と「個」が「等価交換」的に対峙しはじめた。「みんなが平等に仕事をしていない」という非難の声が挙がりだす。これも八〇年代である。私はそういうのが好きではなく、よく職員室で「能力の高い人がたくさん仕事をするのは当然だ」と大きな声でうそぶいていた。「いじめ」が嫌いだから、仕事がてきぱきとできない人がいじめられないように牽制したのである。

クラスの集団性が強まって、そこから心理的に排除される者に対して「いじめ」が向けられたのではない。「いじめ」は共同体的なものから市民社会的なものへと変質したのである。

クラスの集団性は日々弱まっている。集団性（共同性）が弱まって生徒たちの「個」がそれぞれに自立（孤立）するようになった。○○先生のクラスとか、ボクたち（ワタシたち）の○年○組という共同体的な意識は年々弱まっている。「この私」のいるクラスにすぎない。クラスに「個」はただバラバラに集まっている。もっともまったく共同性を欠いた集団はないから、以前と比べてそうなっていると言ったほうがいい。かつてのクラスは担任を中心点とする集団のつながりや、クラスのリーダーを中心とするつながりや、ワルグループや真面目グループ、おとなしいグループなどが入りまじってできあがっていた。実践的な教師にとって「いいクラス」とは仮に担任を引き抜いてもリーダーを中心とするクラスが集団として成り立つようなクラスを指していた。そういうクラスは今でもたくさんあるに違いない。「いじめ」が発生したり、「学級崩壊」したりするクラスは共同体的なクラスでないことは確かである。

バラバラな「個」がクラスに集まってくる。そして勉強や仕事や生活や行事でお互いにコミュニケーションすることになる。自我（主観）と自我（主観）との心理的および物理的なやりとりになる。社会そのものとは違うが、社会を薄めたコミュニティが立ち上がるわけである。そこで生徒たちの「個」は別の「個」と「等価交換」をしようとする。A君がB君に何かを「してあげた」とする。その内容は掃除のときに「手伝ってやった」ということもあろうし、誰かにいじめられそうになったときに「助けてやった」り、「仲よくなりたいなあ」と思ったことでもいい。共同体的なつながりだったら「してあげた」という充足感（優越感）で終わってしまうかもしれない。「してあげた」は共同体的には「贈与」だから「お返し」はなくても構わない。おとなの仕事でもよく助けてやったり、かばってやったりしても、当の本人は何とも思っていない人がよくいる。共同体的な関係であれば「あの人はそういう人なんだよね」で済んでしまう。だが、もしA君が市民社会的な「等価交換」を望んでいれば話はややこしくなる。

そうなるとA君がB君に「支出」したと思っている行為や気持ちに見合う「額」をB君は「支払」わなければならなくなる。それもA君にわかり、A君が納得する形でなければならない。A君がB君に対して「思っていること」に見合うものをB君はA君に「思わなくてはならない」のと同じである。B君から見てA君も同じような立場に立たされる。そして市民社会的な人間関係において判断の基準になるのは、それぞれの「個」の意識である。子ども（生徒）たちの「個」は、みんな自分の見方や意識は客観的だと思っている。自分（「この私」）の感覚に合わない人は「変な人」なのである。そういうコミュニケーション（相互行為）が三十人から四十人の子どもの「個」同士で展開されれば、みんながピリピリしてくるのも当然である。当然、そのなかにみんなからの「等価交換」要求に応じられない「個」が出てくる。多くの子どもの「個」たちから見て「変な奴」がいじめられることになる。「等価交換」はまさに近代そのものであるが、そこに「愛」は不在である。キリスト教における「神」の愛は無限ということになっているが、「愛」はこちらの「支出」に見合う相手の「支払い」を求めるものではない。「愛」はふつう無償のものと考えられている。子育てにおいて親はまず子を無条件に抱きしめなければならないとよく言われている。「これこれのことをすれば愛をあげましょう」は「愛」ではない。私たちが現在使っている「愛」はキリスト教のものであるが、おそらくもともとの日本語でぴったり合うものはない。キリシタンが「神」の「愛」を「デウスのご大切」と訳したという言い伝えからすれば、相手を「とても大切に思う心」「見返りを求めない深い思いやり」ということになろうか。とにかく、「愛」と「等価交換」とは衝突するのである。

教育も子育ても贈与が基本

たとえば、親と子とは基本的に「贈与」の関係であろう。子が親から受けた恩（「贈与」）を親が生きているうちに「返せる」とはとうてい思えない。親からもらって返せなかった恩を、自分の子に対して「支払」っていくのが人間の宿命であろう。親と子も人と人としては同格であるから市民社会的要素もあるが、これはその関係の成り立ちから言って共同体的なものであろう。しかし、最近の親に「交換関係」（等価交換）しか知らない人がいるようである。親が子を育てていくのはもうただただ「贈与」でしかないのに、親の子への「出費」（献身）に見合う「支払い」を、その子が成人していないのに子どもに求める一群の人たちがいる。親がこれだけ苦労しているのに子どもがそれに見合う「お返し」を今してくれないと、苛立って子どもを虐待してしまう。きっと、自分が子であったときに親から条件なしの無償の慈しみ（「愛」）をもらっていなかったのであろう。また、すべてに「等価交換」を求める市民社会性にスポイルされた親であるとも言えよう。

　子ども・若者たちは共同体による保護がなくなり、いつも自立（孤立）した「個」として「等価交換」に脅迫されているように見える。小学校の一年生が、勉強するかしないかの決断を迫られては、身の処しようがなかろう。まず教師の権威性という共同体的な力で教室へ迎え入れ、机にすわらせて教科書を読み聞かせることから始めるべきなのだ。これは共同体的な規制であるとともに保護なのである。「新しい学力観」にあるように、子ども（買い手）の望むものを、望むレベルとスピードで与えようとする「等価交換」の発想は、市民社会性にもとづいて共同体的な教育を否定しようとしている点で進んでいるように見えるが、子どもの育つリアリティや現実に即していない。教育の必要性はまず子どものほうよりも、子どもを抱え込もうとする社会のほうにある。普通教育の前半において社会が必要とするものを、必要とするやり方で子どもたちに提示することに怯《ひる》む必要はまったくない。もちろん、そうすることの痛みは感じなければならないが、そのことによって当座はあまり勉強をしたくない子どもも救っていけるのである。

もともと教育の原点は子育てと同じように「贈与」にある。いつの時代でも子どもは生まれた時点から広い意味での教育をされていくが、そのとき「受け手」（子ども）は自分で選んでいるわけではない。ただただ「贈与」として受け入れるしかない。子どもは私たちの成育の過程からもわかるように、「贈与」としての教育を一方的に受けていくなかで「商品交換」的なコミュニケーションを身につけていく。「贈与」としての教育をされるから受け身的な人間ができあがるわけではない。子どもは教育を受けるなかで共同体的なレベルから市民社会的な方向へ進んでいくが、子ども（ひと）の内部が共同体的なものを完全に消失したり、市民社会的なものに純化することはない。それはただ論理的な可能性としてあるだけである。

（六）大人と「一対一」の関係を望む子どもは「一」ですらない

『朝日新聞』の学級崩壊報道

ここで「新しい子ども」たちのありようが、「学級崩壊」にどう現れているかもう少し煮つめて考えてみよう。今度も朝日新聞社の『学級崩壊』の氏岡真弓氏の「学級崩壊とは何か」、そして『週刊朝日』の太田啓之記者の「〝臨界点〟を超えた子どもたちの荒廃」を使わせてもらう。氏岡氏は〈「学級崩壊」は、これまで日本の小学校がとってきた学級担任制、「学級王国」の崩壊である〉と規定した。ついでに引用させてもらうと、教育評論家の尾木直樹氏も氏岡氏と同じく〈小学校では一人担任制であるが故に、〝授業崩壊〟すればそれは必然的に「学級崩壊」に直結せざるを得ない〉と述べ[18]、文部官僚・寺脇研氏も〈私は「学級崩壊」というより、教師の「王国崩壊」と言ったほうが適切だろうと思う。つまり教師という名の〝王様〟がクラスという名の〝国〟に君臨することができなくなったということです〉と痛烈に教師批判をしている[19]。三人とも子どもたちの変容については、ひとことも否定的にコメントしない。すべてシステムまたは教師のせいなのである。

氏岡氏は寺脇氏のように教師を批判するのではなく、〈「学級崩壊」とは、突然表情を変え、暴れ出す子個人の問題だけでなく、クラスという「場」の問題である〉と述べ、さらに、〈ここまで子ども一人ひとりの問題が多様化、重層化し、多くの子が自分に合った教師と一対一の人間関係を求めるようになっている現実を見つめた時、一人の担任が子どもたちを統率し、「お山の大将」になって、そのリーダーシップでほとんどの教科を教える小学校独特の学級担任制が時代に合っているとは、とても思えない〉と指摘している。氏岡氏は学校での教師と生徒のありようが人と人との争い(「等価交換」)になっている現状を皮膚感覚でよく把握している。とくに〈多くの子が自分に合った教師と一対一の人間関係を求めるようになっている現実〉という指摘は突出している。

「産業社会的」段階までの子どもたちは「生徒」としての分に応じ、あまり自己を主張することもなく学校(教師)の設定した枠におさまっていた。教師に拮抗しようなどとは思わなかったし、自分に納得できないことでも「今の自分にはわからないこともあるだろう」と思い、従っていた。あるいは、従うふりをしていた。子どもたちは教師に人として正対するなどと思ってもいなかった。つまり、人の「一」と人の「一」として向き合っていると思っていなかった。教師は「教師と生徒」という公的な関係を求められるのであれば平気だが、子どもたちが生徒としてではなく、子ども（ひと）として〈教師と一対一の人間関係を求めるようになっ〉たらもうお手上げである。しかも、氏岡氏は子どもたちが〈自分に合った教師と一対一の人間関係を求めるようになっている現実〉（傍点筆者）と記述している。

この〈自分に合った〉というコピーは、誉めても誉めても誉めたりないほどすばらしいコピーである。ことによるとライター氏岡氏の認識や意図を超えたものを表現しているかもしれない。すなわち、「教師と生徒」の関係であるなら共同体的なものである。教師である「人」と子ども（生徒）である「人」の関係だったら市民社会的である。市民社会的ということは、人の「個」と人の「個」として対等ということになる。共同体的なつながりは「贈与」関係であり、市民社会的なつながりは「交換」関係である。「贈与」は安定しており、「交換」は不安定である。この教師（人）と子ども（人）の対等なコミュニケーション（交換）関係が、子どもたちの一人ひとりの〈自分に合った〉方向に引っぱられたらどういう事態になるかのひとつの結果が「学級崩壊」なのである。

人である「教師」と、人である「生徒」との関係も、実はそんな簡単なものではないのだが、教師である「人」と、子ども（生徒）である「人」との〈一対一〉の関係は本質的に困難である。なぜなら、子ども（人）の人の「一」が教師の「一」に見合うものであるかどうかが疑わしいからである。つまり、ここで教師と生徒の理性的なコミュニケーションが適切に進行するかどうかは疑わしい。これを疑うことは教育的立場であり、なにも子ども（ひと）の人権や人格を低く見ているからではない。これが成り立つには教師のほうが「一」としてではなく、「一」プラスアルファの「贈与」の位置に立つ必要があろう。つまり、子ども（生徒）は一対一の関係を求めてくるが、教師は同じレベルの「一」として対応するのではなく、「一」プラスアルファ＝「教師」として応対し、あくまでも指導性を確保しなければならない。こういう「ずらし」は、教師がほとんど無意識にやっている。ここで教師が子ども（生徒）と同じレベルの裸の「個」（「一」）になってしまってはどうしようもない。

そして、子ども（生徒）たちの望む〈自分に合った教師と一対一の人間関係を求める〉とは〈一対一〉に重点があるのではなく、〈自分に合った〉に重点がある。「学級崩壊」につながる場合、子ども（生徒）たちは本当は教師との〈一対一〉の対等な関係を望んでいるのではなく、「自分」に合った、「自分」にとって不快でない、「自分」が傷つけられることのない、つまり、教師が上位にいない関係を望んでいるのである。その子ども（生徒）たちの「自分」とは常識的に考えて、公共的な「一」にはまだなっていない「自分」であろう。〈一対一の人間関係〉の上に〈自分に合った〉が乗せられてしまうと、まだ「一」になっていない子ども（生徒）の「幼児的全能感」が入ってくることは明らかである。したがって、氏岡氏の記述している〈多くの子が自分に合った教師と一対一の人間関係を求めるようになっている現実〉とは「教師＝生徒」関係の否定が子どもたちの欲望に含まれている可能性がある。

氏岡氏は、子ども（生徒）たちの変容を、「学級崩壊」をめぐって教師への向き合い方が変わったのだと的確に捉えている。それがどういう質のものであれ、子どもたちの実情だから、それを踏まえてシステムを変えなければならないと言いたいのであろう。氏岡氏は〈一人の担任が子どもたちを統率し、「お山の大将」になって、そのリーダーシップでほとんどの教科を教える小学校独特の学級担任制が時代に合っているとは、とても思えない〉と言う。確かにそのとおりだとも思うが、学級担任を消去することによって、子どもたちの際限のない欲望から教育は果たして逃れられるのであろうか。当座の小手先の逃げという気もする。教師の提示する教育と、子ども（生徒）たちの学校に求めていることを、同じ次元の教育要求と位置づけているところに齟齬はないのだろうか。子どもたちが「消費社会」に動かされて瞬間瞬間に自己の実現を図ろうとしている、その欲望や衝動をすべて教育に組み込めると思い込んでいるところに錯誤はないのだろうか。

子どもの内面をいじりすぎた教師

状況を改善していくための手立てとして氏岡氏はこう述べている。〈子どもたちの声を聞くと、いろいろなヒントがある。価値観を一方的に押しつけず、子どもが自分を表現でき、教師と子どもが一緒に考えてつくっていく学校〉。かつてジャーナリズム、とりわけ『朝日新聞』系列に理想の学校として大いに持ち上げられた「J学園」という学校があった（今でも存在している）。最近その動向や様子が『朝日新聞』系列でもさっぱり取り上げられていない。どうしてなのであろうか。どんな小さな（つまらない）学校の動きや生徒たちの活動でもいちいち報道していたのに、近頃はとんと報道されていない。教師たちの理想の教育への情熱も衰えたりしていないはずである。とにかく、理想の学校としての名声は、進歩的・良心的ジャーナリズムにとっても消えてしまったらしい。「自由になった」生徒たちの実態が、「朝日ジャーナリズム」によっても糊塗しきれなくなったのであろう。

〈価値観を一方的に押しつけず、子どもが自分を表現でき、教師と子どもがいっしょに考えてつくっていく学校〉を学級《クラス》でめざし、結果としてクラスが崩壊してしまった例を一九九八（平成十）年十二月四日号の『週刊朝日』がレポートしている。「〝臨界点〟を超えた子どもたちの荒廃」（太田啓之記者）である。六年生になって完全に「学級崩壊」してしまった中年男性教師のクラスの話で、〈「あんたがちゃんとせえへんからあかんのや！」／「お前なんかやめてしまえ！」／大阪府内のある公立小学校。六年生の二学期、クラスのみんなの前で女子の一人が担任のA先生（四十九）を面と向かって罵倒した。／「もう、先生だけの力ではあかん。みんなで（騒ぐ子に）言ってくれや」／A先生はそう返すのが精いっぱいだった。／授業中もちょっかいを出し合っては騒ぎ、追いかけ合う。教室の外へ飛び出す。教室のある四階の窓からドッジボールを放り投げる。／まじめに授業を受けようとする子の下敷きを取り上げ、怒ったところをみんなで小突き、はやしたてる。／注意しようとする児童がいると、／「ええかっこするな！」／翌日にはその子の私物が消えた。やがて、だれも何も言わなくなった〉と記事にある。

今はあまりめずらしくなくなったが、一九九八（平成十）年としては初めて報道された「学級崩壊」の惨状ではないかと思う。記事は四十九歳のA先生のことをこう記述している。〈A先生は、けっして子どもたちと交流する努力を欠いていたわけではない。このクラスを五年生から担当した当初は、得意なギターを手に子どもたちと歌った。ケン玉や読書など、さまざまなジャンルで「一人ひとりがチャンピオンになろう」という取り組みもした。が、歌声はしだいに小さくなり、A先生自身もいつしか準備をしなくなった。「チャンピオン」の取り組みも、授業を成立させることに精いっぱいで、立ち消えた〉。

「学級崩壊」は「弱い」担任のところで暴発する。だから、教師が引き起こすと見えないこともない。このケースはA先生の〈子どもたちと交流〉しようと動きがマイナスにひっくり返ったのである。こういうやり方は、おそらくものすごくカリスマ的な人格と才能を持った教師を除いては、誰がやってもマイナスになると思う。どうしてか。A先生は「生徒」としての子どもたちとつながりを持とうとしたのではない。A先生が交流しようとしていたのは、三一人の子どもの本体(人)の一人ひとりであったようだ。それはギターでみんなで歌ったことではなく、〈ケン玉や読書など、さまざまなジャンルで「一人ひとりがチャンピオンになろう」という取り組み〉をしたことである。ケン玉などは、子どもたちの「生徒」という公共的なあり方とは関係がない。ケン玉を(授業中に)やることによって、学校では私的なことをしてもいいんだという雰囲気が広がったことは否定できない。

『週刊朝日』の記者氏は〈けっして子どもたちと交流する努力を欠いていたわけではない〉、「にもかかわらず」学級が崩壊してしまったと記述しているが、私の見方では「だから」崩壊したのだと思う。おそらく、みんなで歌を歌ったのも授業時間(あるいは学級活動の時間)であろう。「チャンピオン」の取り組みも授業中であろう。休み時間や放課後に、教師と生徒が一緒に楽しく過ごすことなどあまり考えられない。休み時間は気の合った数人でいたいだろうし、放課後は早く帰りたいはずである。こういう取り組みは授業時間内でしかできないと思う。A先生は授業を「つぶして」歌を歌ったり、ケン玉をやらせたりしたのである。ここですでに子どもたちに、生徒として過ごす公的な時間と、自分ひとりに戻れる私的な時間との混同が生じている。つまり、学校でも好きなことをやっていいんだとA先生が「認めた」のである。

「にもかかわらず」、子どもたちは歌も歌わなくなるし、「チャンピオン」ごっこにも興味を示さなくなる。楽しさも緊張もなくなり、ただ授業時間をつぶすだけになる。A先生は困って授業に戻したのであろう。〈一人ひとりがチャンピオンになろう〉も三一人の一人ひとりがチャンピオンになるということだから、三一種の遊びやらゲームやら趣味やらが登場したはずである。みんながチャンピオンになることなど現実に不可能であり、やる気もなくなるのは当然である。歌もチャンピオンも中途半端に終わったが、子どもたちには学校でも好きなことをしていいんだよというメッセージと、A先生が一貫していない教師であるという反発は残ったであろう。

A先生は、子どもたちを、学んで自分を変革しようとする子どものあり方である「生徒」の方向へ向けて形成するのではなく、子どもたちの「いまだ個ならざる個」や「とりとめのない自己感覚」の受容という方向へ向かった。これは実は途方もなく大変で恐ろしい方向なのである。際限のない子どもたちの自己の欲望の彼方を経めぐって、学ぶ主体である「生徒」に帰還することは、教師によっぽどの才能がなければむずかしい。それでなくとも小学校の高学年から中学生は、「受験」という試練が現実の課題として登場してくる。「とりとめのない個」は、競争社会でも生きられる社会的な「個」に変換されなければならない。何でもわが子の欲望を受け入れてきた親や、何でもわが子の意見を取り入れてきた親たちが、子どもを一方的に規制しようとしはじめるのもこの時期である。中学受験や高校受験が視野に入ってくると、そういう親もこのままではまずいと気づき、手の平をかえしたように子どもに規制を加えようとする。そこに衝突が起こり、「言っていることと、やっていることが違う」と親の裏切りを確信するのである。A先生も、こういう親と同じようなことをしてしまったと考えられる。

最初は歌やゲームを一緒にやって遊んでいたA先生も、それ自体がうまくいかなくなり、今度は子どもを勉強に追い込もうとしたり、態度を変えて教室の秩序を学校的に立て直そうとする。子ども(生徒)たちの一人ひとりを大事にすると言っていたのに、今度は個々の相違を無視して、一律に子どもたちに生徒としての従順を要求する。そこで〈授業中も机の上に足を上げ、何度注意しても下ろそうとしない。カッとなって足を払いのけると、ここぞとばかり、/「言うてることと、やってることが違うやないか」/と大声をあげる〉ことになった。こういう生徒たちの「真実」に、A先生は出会うことはできない。ただ、自分の善意や努力が子どもたちに裏切られたと思っているのであろう。だが、子ども(生徒)たちの受けた傷については思い至らない。A先生は子どもたちの内面をいじりすぎてしまった。子どもたちの内面に介入せずに、もっと教師的にドライにやれば、少なくともこういう事態にはならなかったのである。

「農業社会的」段階や「産業社会的」レベルでは、子どもたちの未成熟な「いまだ個ならざる個」を一人前の社会的な「個」にするための「社会化」に学校は力を注いできた。今は子ども（生徒）をまず「社会化」するよりも「個性化」することが大事という「消費社会的」な考え方の重視される時代である。「いまだ個ならざる個」に「社会化」するための負荷をかけるのではなく、子どもたちの「この私」の納得する教育を推し進めようというのが旧文部省の「新しい学力観」のエッセンスであった（だから、A先生の失敗もA先生独自のものというより「新しい学力観」の考え方に沿っていた。A先生自身のミスとばかりは言えない）。「生きる力」の提唱や「意欲」「関心」の重視、「ゆとり教育」などの発想も一律的、画一的に子どもを「社会化」するのではなく、子ども（生徒）たちのそれぞれが今立っている地点から自らの意志と足どりで近代的な「個」、近代的な「知」に向かって歩みだすことを期待したものなのである。このような教育革命的な旧文部省（現文科省）の教育観の大転回と、「学級崩壊」とはつながっている。「いまだ個ならざる個」がどのような質量と形状をしていようとも、近代的な「個」になるためには「必死の跳躍」が必要なのであろう。「生きる力」や「ゆとり教育」が、理念としての整合性はありながら、今の教育界において必ずしも現実的なものではないという認識が広まっているのは、何よりもこの「必死の跳躍」という子どもの個体が人の「個」になっていく厳しい局面を考慮に入れていないからではなかろうか。

（七）子どもに「近代」を埋め込もう

なぜ学校に行くのか

子どもたちが毎日学校へ行く。子どもにその理由を聞けば、「友だちと遊べるから」とか「勉強しなければならないから」とでも答えるであろうか。おとなに聞けば「知識を学びに行く」と答える人と、「人間として成長するため（一人前になるため）」の二つに大別されるような気がする。何としてでも高卒の資格が必要だからと、勉強はまったくせずに「がんばる」高校生も「知識を学びに行く」に入れて考えよう。これはどちらがより正しいかとか学校の現実に合っているかという問題ではなく、学校の捉え方の世間的な気分の二つの表現である。本書のテーマにつなげて位置づければ、「知識を学びに行く」は市民社会的な感覚を表しており、どちらかというと学校へ行く前にすでに「個」が成立しているような認識であろう。「人間として成長するため」は共同体的な感覚があり、勉強して「個」が形成されるのだという認識が感じられる。読者のみなさんはとっさに聞かれたとき、どちらを思い浮かべるのであろうか。

私のこの二つにあえて「近代（社会）を信じるようになるため」をつけ加えたいと思う。近代もやはり理解するまえに信じることが、教育の前提として必要だと思うからである。

『朝日新聞』のコラムに〈太陽と地球についての問いで、公立小の4－6年生348人のうち42％が「太陽は地球の周りを回っている」と答えた。なるほど、見た目にはそうだ。しかし、地球は一つの惑星で、太陽も、あまたある恒星の一つだ。そう知るだけでも、限りなく大きいと思われる地球の小ささ、かけがえのなさを考えるきっかけになるのではないか。見た目の不確かさも学ぶことになる〉とあった。[20] コラムニストはいやに悠揚に構えていて生徒たちの誤答の比率の高さにも寛大だが、私はここに生徒（子ども）たちの自己の頑なさを感受せざるをえない。小学の四年生から六年生は、すでに太陽系について学んでいるはずである。学んでいる内容は子ども（生徒）たちの実感とは逆である。つまり、学校では子どもが生活のなかで身につけてきた感覚や知識がつねに相対化されたり、否定されたりする。そういうプロセスを通じて子どもたちの「この私」的な「自己感情」が近代的な「個」（「私」）につくられていく。このとき、子どもが自分や感覚に強く固執したら学べなくなってしまう。自己を柔らかくして「外部」に開いていく必要がある。

42％もの小学の上級学年の生徒たちが自己の実感に固執していることは、かなり深刻な事態であるように私には思える。『朝日』のコラムは〈見た目の不確かさも学ぶことになる〉などと呑気なことを言っているが、太陽と地球の運行関係は〈見た目の不確かさ〉などというものではなく、まさに〈見た目〉とは正反対の「真実」があるという典型的な例なのである。そこで子どもの視座は、自分の目を離れて天空に移動することによって、真実とか普遍というようなものに出会う。地上にいる自己の感覚に固執したら科学は学べない。そうしてもなおかつ子どもの頭には納得できない不条理なものが残ろう。その感覚を抑えつけて、自己を超えた客観的な視点に立つことが、近代的な個人としては必要である。したがって、そこでは子どもの自己は自分では「真実」を確信することができず、自分自身では確かめられない真実や普遍があることを認知する必要にせまられる。ただ、信じるしかないのである。近代をまず「信じる」ときに、近代的な個人が立ち上がりはじめるのだと思う。

人間は死んでも生き返る!?

これも話題になったことだが、二〇〇四(平成十六)年九月のNHKスペシャル「子どもが見えない」で、小学六年生三三人中二八人が「人間は死んでも生き返る」と信じていると答えたというデータが提出された。長年子ども(生徒)と対面してきた教師の感覚からするとよくわかる。子どもたちはそう答えるだろうなと思う。学校で「知」として教えられることは、子どもたちの生活感覚と必ずしも接合しない。地球が太陽の周りを回っているという例が典型的だが、実感と完全に反対である。子どもの実感から言えば自分の周りに世界は構成されているように見えるが、実は世界がまずあって自分は世界によって構成されているのだと教えられる。学校で教えられる知識の体系は、子どもたちが眺めている生活世界と同じ水面にはなく、むしろ、生活世界から距離をおいて垂直に立っているような感じがする。これは子どもにとってとっつきにくいに決まっている。

学校で教えられる近代の知識とは、むしろ子どもたちの感覚とは衝突するものが多い。そして現在の子どもたちは、客観的な事実（科学）よりも「この私」の感覚のほうを大事にする。「人間は死んでも生き返る」かについては、仮にテストに出されたとすれば、「生き返る」と答える生徒は二、三人に減ってしまうと考えられよう。アンケートをとったからこうなったのである。「死」の問題については頭として、事実としては復元できないことは知っている。ただ、人の死は太陽系の運行のように事実や現象としてあるのではなく、何よりも「自分の死」「この私の死」と密接に結びついて意識されているから、三三人中二八人が「人間は死んでも生き返る」と「信じている」と答えたのであろう。「死」一般という客観的な認識はできにくい。まず自分（「この私」）にかかわることと意識されてしまい、「知」が自分から離れて働きにくいのである。

だから、よく子ども（ひと）の生命にかかわる事件が学校で起きたとき、「生命の大切さについて学ぶ」とか「人の死について考える」とか特別授業が全国一斉におこなわれたりするが、あまり効果はなかろうと思う。本当にやるべきであり、日常の教育活動においてもやるべきなのは「私とは何か」というテーマであろう。かつての学校は共同体的であり、いろいろな人間関係が組み合わさっていて、日常の生活や活動や行事などにおいて、子どもたちの「この私」的な感覚が崩されて近代的な社会の成員としての「個」（「私」）に構成されなおされていった。現在の学校は、子どもたちの「この私」を崩して強固にしていこうとする力はほとんど働いていない。小学校へ入ったときの子どもの感覚がそのまま温存されて生きのびてしまっている。したがって、もし教師が特別授業をやるとすれば、「私とは何か」というテーマが必要なのである。「人間は死んでも生き返る」は子どもたちの内面で「この私は死んでも生き返る」に無意識に読み替えられていると思う。

太陽系の運行について教えられていながらあえて実感にこだわることや、生命体の死の復元可能性を信じることとは、近代の「知」への離反ないしは違和を表していよう。近代社会と近代社会に生きる「個」の確かさが子どもたちに疑われてきている。学校教育を受けた近代的個人（市民、国民）とは、自分の目に見えないもの（こと）や、自分にわからないもの（こと）にも価値があることを知っている者のことである。もちろん、ひとりの「知」や見聞で世界のすべてを確かめることはとうていできないから、ほかの人たちの意見や認識や見聞を信じるということである。つまり、近代的な個人にとって必要なことは、何より「近代（社会）」というものを信じていることであり、近代社会に生きることが自己の実現につながると確信することであろう。

人（子ども）は自然に「近代」に確信を持つようになるのではない。「近代」を信じることもひとつの作為であり、教育の成果なのである。私は子ども・若者問題の根源のひとつに教育の不全を感じとっている。子ども・若者たちが「近代」に何がしかの不信を持つようになってきたと思っている。日本独特といわれる「引きこもり」がその典型であろう。ひと（子ども）にとって近代は自然ではない。近代の子どもは自然に近代的に発達していくのではなく、頭脳および身体に「近代」という「外部」を取り込んで形成されていく。そのためにはまず「近代」に対してイエスと答えなければならない。それには親やら教師やら友だちやら、周りのおとなたちからの共同体的な手助けが必要である。本人に市民社会的に「判断」させるのではない。

第二部　教育論者の子ども観を検証する

第二部の狙い

「新しい子どもたち」は現実を生きているが、自らはその「新しさ」や「自己」を語らない。その「真実」は市民社会では何かのときに垣間見えるだけである。すなわち、理解しがたい言動や生き方、そして、予測しがたい犯罪によってその「新しさ」がときどき私たちの目に映る。そして、それは日常的な生活の波間に消えていく。学校では、教師たちはその現れを毎日目にし、経験している。教師たちは、ある不確かさとうとましさと痛ましさの気持ちで彼らと折り合いをつけようとしている。ここ日本にも、子ども（若者）が「他者」である時代がやってきたのである。教師は子ども（若者）たちが「他者」（自分たちと同じ意味と公共性の世界に住んでいない人たち）であることを認知し、覚悟を決めて、必死に「近代」に取り込む仕事をすべきである。彼らが「他者」であるということは、こちらの単純な教育対象ではないことである。教師はその「理解しがたさ」をそのまま保持して子ども（生徒）たちと向き合うしかない。

「オレ様化」した子どもたちは、自らを、自分たちの存在を、かつての青春（青年）の物語のように語れない。彼らを「語る」言葉やコンセプト（認識の様式）はいまだ不在である。彼らは「引きこもり」や不登校や「ニート」やフリーター、そして、ときに凶悪な犯罪等を起こすことによって自らを語っているだけである。

彼らには「新しい世代」といった、かつて私たちが持つことのできた、時代に向き合う姿勢や集団的な共有性の感覚もない。彼らはそれぞれ一人ひとりの独自の感覚や感性でいるように思っているが、私たちから見ると強い同質性にある。私は教師としての経験と教師としてのまなざしを通じて、彼ら「新しい子ども」たちについてあえて語ってきたが、ここからはメディアで「子ども・若者問題」に積極的に発言している学者や評論家の方々の言説を批判的に参照するなかで、もう少し先の地点へ行ってみたい。私の視点が教師を「する」視点であるのに対し、学者や評論家の方々の視点は鳥瞰的に「見る」視点のものである。地表で「する」視点と中空から「見る」視点とをぶつけ合わせて、果たしてどちらがより究極的に「見る」ことができるのかの挑戦をしてみたい。読者のみなさんも教育論議に対するリテラシー（読解力）を高めるためのレッスンのようなつもりで楽しんで参加していただけるとありがたい。

（八）宮台真司――「社会の学校化」か「学校の社会化」か

すべての知識人は共同体主義者？

まずはじめに教育問題、若者問題に積極的に発言している社会学者・宮台真司氏の『学校が自由になる日』（雲母書房）の巻頭論文「学校の何が問題なのか」を参照しながら論をさらに先に進めてみたい。宮台氏のこの論文も教育にかかわる子ども・若者論である。

子ども・若者問題にかかわる宮台氏の結論は明確である。日本の「共同体的メンタリティ」と「共同体的システム」と学校が、子ども・若者問題の元凶であると言う。日本がまだ近代化していない、価値観が市民社会化していない、子ども・若者問題を解決するためには子どもの「個」を大切にするリベラルな社会制度を実現しなくてはならないと言う。氏はまず〈尊厳観すなわち何が人間にとって最高価値なのかという思想〉をアリストテレスから説明し、共同体との一致を価値とする考えを〈共同体的尊厳観〉と呼び、自己信頼を価値とするものを〈市民社会的尊厳観〉と呼ぶ。もちろん、宮台氏の支持しているのは、市民社会的尊厳観であり、共同体的尊厳観は否定されるべきものである。氏は、共同体的尊厳観は第二次大戦で負けた枢軸側のものであり、市民社会的尊厳観は勝利した連合国側のものであると説明する。つまり、この二つの価値観は敵対的で互いに相容れないものであると規定する。

しかし、現実を生きている私たちの内部において、市民社会的尊厳観（個人中心的な価値観）を持っている人は共同体的尊厳観（社会や集団を価値の中心におく価値観）をまったく持っていないなどということはありえない。近代が完成したら私たちの内面が純化された市民社会的尊厳観だけになるとか、あるいは、旧い共同体的尊厳観がまったく「個」の自己信頼を欠いて成立しているなどとも考えられない。共同体的尊厳観も共同体（家庭、学校、地域、会社、サークル、宗教団体、国家など）を構成している「個」をゼロにして成り立っているわけではないし、市民社会的尊厳観を持っている近代的個人（市民）も何らかの共同体に属しているに決まっている。まったく自由で抽象的な「個」など観念（頭）のなかにしか存在しない。にもかかわらず、宮台氏は第二次大戦の連合国と枢軸国の対立のようにすでに決着が着き、善悪と正邪が確定している事実を基にして、「市民社会的なもの」と「共同体的なもの」は併存できないとする単純な論理を導きだしている。これはおかしい。

そうしておいて宮台氏は、日本の知識人は右も左もみんな「公」と言うと必ず共同体への貢献、共同体との一体化とつなげて考える「共同体主義者」であると断定する。〈近代的

「公」観、市民社会的「公」観は、そういうもの（引用者注・共同体への貢献、共同体との一体化）とは全く違うという思想史的常識を、残念ながらほとんどの日本の知識人は知らないのです。そうした驚くべき無知を背景として、（中略）「左」の人たちも、利害を共有するものたちの「温かい世俗共同体」への一体化をもって尊しとなす〉〈すなわち両方（「右」も「左」も）とも枢軸国的な共同体的尊厳観に立つ点で、選ぶところがない。その意味で、日本における「右」も「左」も、実は近代思想としての体を全くなしていないのです〉と自分以外のすべての知識人を「共同体主義者」と断罪する。

宮台氏はさらに〈日本の保守論壇も左翼論壇も、前近代的な共同体主義者に過ぎませんから〉と斬り捨てるが、私は逆に、日本の知識人や知的主体たちは日本的な近代主義者がほとんどと思っている。

近代主義者である点では宮台氏も何ら変わらない。たとえば、近代主義者は宮台氏のように教育や学校に問題があるとすぐに「近代が達成されていない」とか、「教育（学校）は遅れている」とか、「市民社会的尊厳観が根づいていない」とか主張する。みんな西欧近代へのコンプレックスを強く持ち（一方、自分だけは日本的前近代から脱けだしていると自負し）、右も左も資本制社会を肯定し、「近代的なるもの」を全肯定している。市民社会的尊厳観である個人の自由や人権や思想表現の自由などに対しても、真っ向から否定する右派の知識人もいない。ただ、右派はシニカルな態度をとるということはあろう。みんなが「近代」の普遍性は認めているにもかかわらず、宮台氏がほとんどすべての日本の知識人を〈前近代的な共同体主義者〉として敵にまわしているのはなぜか。

共同体的尊厳観と市民社会的尊厳観

現在の左派と右派の相違は、たとえば国民国家というとき、保守派は国民「国家」と国家に重点をおいて捉え、進歩派は「国民」国家と国民のほうにポイントをおいて捉えるぐらいの違いでしかない。前者は「国民の所属する国家」、後者は「国民によって構成される国家」という程度のニュアンスの相違である。教育の目標で言えば、保守派が「国民」(公民)の育成と捉えるのに対し、進歩派が「市民」(個人)と捉えるぐらいの差である。あまり差はない。そして、国家も国民も「共同体的なもの」である。こんなレベルで論じている左右の知識人が気に食わないから、宮台氏はきっとみんな〈前近代的な共同体主義者〉だと言っているのであろう。とにかく、宮台氏にとって「共同体的なるもの」を価値と見なしてはいけないのである。宮台氏は国家も国民も嫌いで、近代の達成を資本制社会ではなく「市民社会の成立」(〈市民的尊厳観〉の確立)と捉えたいのである。

日本はもともと後発した先進国であり、ヨーロッパのキリスト教文明圏にも属していない。

先進国のなかでは唯一非キリスト教国として突進してきた。宮台氏は資本制社会と市民社会とをあえて分離しているが、資本制社会が進めばどこも市民社会化が進む。世界の人権先進国はすべて高度な工業国である。私見では、日本でも大正期に国家や政府という「公」にコントロールされない民間的要素が、社会に根づき始めたことが指摘できる。教育的な要素としては、大正期新教育（私立学校の隆盛）や白樺派、そして童謡の誕生などがある。童謡は文部省唱歌のように国民的一体感（共同体的一体感）をつくるために構成されたものではなく、近代になり郷土を離れ都会に彷徨う「個」の孤独を表現している。[21] 世界にはあらゆる傾きとローカリティに彩られた近代社会や国家、および地域がある。まだ国民国家の体をなしていないところもある。そしてまた、どんなに進んだ西欧の資本主義国でも、その「共同体的なもの」がすべて放逐され、近代的な「個」が経済活動によってのみ無機質的につながっている「純粋な市民社会」など存在していない。

ひたすら「共同体的なるもの」が嫌いな宮台氏は〈共同体は崩壊しているのに、共同体的実存が継続するという矛盾〉によって子ども・若者問題が発生していると考えている。私は逆に一九八〇（昭和五十五）年頃から「市民社会的なるもの」が力を振るいだして西欧的な超越項（「神」）を欠いた日本的な「個」が、「共同体的なるもの」の支援もなく振り回されているという仮説を立てている。ここでいう「共同体的な支え」というのは友人や親や兄弟、教師やまわりのおとなたちからの援助であり、また、自己を無限化しないで限定して捉えるために必要な「象徴的な父」の存在のことである。「個」は「個」では支えられないということがここ二十年ほどの「市民社会的なるもの」の跳梁によって少しわかってきたのではなかろうか。子ども・若者たちは「共同体的なるもの」に圧迫されているのではなく、「市民社会的なるもの」に脅かされている(何でも自分で「決めなければならない」といったような)。「個」を「個」で支える、あるいは、何でも自分(だけ)で考えて決めるというのは人にとって本質的に不可能であり、その不可能なことを「市民社会的な価値観」に背負わされて、若者たちは後ずさりしていたり、踏み惑っていたり、ひきこもったりしている。若者たちの「個」は無防備なままで「市民社会的実存」の不可能を強いられている。

問題は、宮台氏の考えるように「共同体的なるもの」(共同体的尊厳観)と「市民社会的なるもの」(市民社会的尊厳観)とは、現実の社会や私たちの内面において敵対的なものかどうかということである。宮台氏は学者らしく観念(理屈)として相容れないものは、現実のプロセスや私たちの内面においても衝突、対立するものと考えているようだ。しかし、「共同体的なるもの」が完全になくなって市民社会になったり、「共同体的なるもの」が残っていると資本制社会であっても市民社会とは言えないのであろうか。宮台氏の二項対立があまりにも単純すぎるので、何かほかに狙いがあるのではないかと疑ってしまうほどである。

たとえば、家族があって一人ひとりの人間、「個」があると考えれば共同体的発想である。市民社会は「個」から発想するので、家族から始めると共同体的ということになる。つまり、「個」が生存するために家族があると考えると市民社会的な発想である。現実には、人は家族（もっといえば人類）から始まっているのに、「『個』から始めることにしよう」というのが市民社会的なのである。したがって、市民社会とは現実空間であるよりは理念で成り立っている空間とも言える。「個」から始めるのが正しいのか、家族から始めるのが正しいのかと問われても答えようがない。どちらも正しいのであり、見方によって正しさが異なると言うしかない。共同体的尊厳観と市民社会的尊厳観も同じである。「個」から出発するということを前提にすれば前者が正しいが、だからといって、後者の正しさがすべて消えてしまうわけではない。「個」は依然として家族やコミュニティや会社などという「共同体的なるもの」に支えられて存在しているし、そういう「共同体的なるもの」の支えなくして「個」がひとりで立っているわけではない。「個」は「現実」を生きている。理念空間にいるわけではない。

郊外化の評価

あと二つ、「郊外化」と「学校化」についてコメントしておきたい。

宮台氏は青少年の残虐な事件などにからんで〈「ニュータウン化」が進む七〇年代以降を「後期郊外化」と名づけ〉〈とりわけ後期郊外化の時代から、急速に世代間の感覚地理の乖離が進んでいきました〉と述べる。〈なぜ郊外には精神的な病理が起こりやすいのか〉ということ、世代によってコミュニケーション・ネットワークがまったく違っているので、〈いかなる意味でも感覚地理を共有していない〉からだ。〈親が、子どもを承認したり禁止したりしているつもりでいても、子どもにとって親の言葉はネコがニャーニャー鳴いているのと変わらないという状況〉になっていると宮台氏は述べる。しかし、私は事態はもっと複合的ではないかと思う。

「親と子」という共同体的規範（つながり）が働いていれば、親からの「承認」や「禁止」は生きる。お互いがフラット（対等）な、市民社会的な「個」と「個」の関係に近くなっていれば、親が何を言ってもニャーニャーになる可能性はある。フラットになれば、子どもは自己の望むもの、必要と思うものしか「受け取れない」からである。まず親の意見は聞くべきだと考えるのは共同体的である。子どもが自立（孤立）した「個」として自己の「受け取りたいもの」だけを受け取ろうとすると、結果としてほとんど「受け取ら（れ）ない」から親の言葉はニャーニャーになってしまう。でも、はぐらかすようで悪いのだが、ニャーニャーはそれほど悪くないのである。昭和二十年代に子ども時代を過ごした私たちの世代も、

「また親（教師）があんなこと言っているよ」と受け流していた。聞いたふりをして受け流すのも日本の文化である。私たちの世代は昭和三十年代に入り、「関係ない！」を流行らせた世代でもある。親やおとなや教師たちに傷つけられると「関係ない！」と口で言ったり、内心で言ったりして断ち切っていた。問題なのはニャーニャーと聞き流すことではない。むしろ、聞き流せない体質のほうがトラブルになる。聞き流せるのは「親の言うことだからしようがない」と思う共同体的感性によるものであろう。ニャーニャーはまだ余裕があるのである。

現在トラブルになるのは、子ども（若者）たちが親や教師の言葉を聞いたとき、距離をおいて受け流せなくなったことであろう。関係がフラットになっているのですぐに「等価交換」を始めて傷ついてしまう。自分の気に食わないことを言われるのが耐えられない、許せない。つまり、宮台氏の言う〈感覚地理〉の差異ではなく、それぞれの感覚地図の描き方そのものが違ってきている。その地図を描く「私」（自我）のありようが変化してきている。親や教師や友人のコメントを、それはそれで「正しい」ひとつの意見であると距離をおいて受け止められなくなっている。まず、「この私」に合っているかどうかを判断してしまう。「私」はともかく、「この私」に合うものはなかなかない。親や教師から違った地図を示されると、もうすでに子ども（若者）たちの自我が傷ついてしまう。これはもちろん宮台氏も指摘している「幼児的全能感」と結びついている。私たちの子どもの頃だったら親や教師が私たちの望まない地図や、予想もしない絵柄を提示することは当たり前のことだった。そういうものをかいくぐって自己を生きのびさせてきた。その当たり前が今は成立しなくなった。

つまり、子ども（若者）たちの「私」（自我）が、みんなの無数の「私」のなかのひとつの「私」にすぎないという自覚がない。「私」を「外部」から眺める、もうひとりの「私」がいない。ほかの人から見た「私」というパースペクティヴ（視線）が欠けている。また「私」を変革しなければならないと思っていない。「私」の感じたり思ったりすることは「私」にとっては確かだが、ほかの人からはそう見えないことに気づいていない。したがって、「私」の思ってもいないことが親や教師やほかの人から提示されることへの身構えができていない。やはり、「象徴的な父」に出会っていないか、「象徴的な父」の力が圧倒的に弱いのであろう。教師の経験からいえば、彼ら若い世代の人たちは主観と客観が区別されていない（自分の見ている世界、思っていることが客観世界だと思っている）。主観を叩かれた経験がない。「幼児的全能感」が温存されていて、精神分析的に「去勢」[22]されていない。宮台氏の言うような〈世代間の感覚地図の乖離〉というよりは、感覚地図を構成する自我のありようが変容していると捉えたほうが正解に近いように思える。

学校化社会をめぐって

子ども・若者問題における宮台氏のもうひとつのキーワードは〈日本的学校化〉である。氏は子どもや若者たちが現在のような姿を取るようになった原因として、〈「日本的学校化」が「後期郊外化」と並行して七〇年代半ばから急に進んだ〉ことを指摘している。〈日本的学校化〉とは〈家や地域が「学校の出店」になること〉だそうである。私たちは日本国家が全国の津々浦々に学校を置き、それまでの共同体を解体して近代国家（国民国家）を形成しようとする過程で、学校が「国家の出店」の役割を果たしたことを知っている。明治、大正から昭和二十年代の「農業社会的」段階までそうだったろう。だが、近年の「消費社会的」社会になって〈家や地域が「学校の出店」にな〉ったとは解せない、いっこうに解せない。学校は国家や市民社会（家や地域や経済社会）に「動かされている」もので、ほかのシステムを「動かす」ものとは思えない。近代国家形成期の「農業社会的」段階では国家をバックにして学校が家や地域を資本主義化（近代化）したことは事実であろう。だが、学校そのものから学校の推進力やほかのシステムを動かす力が出てくるとは思えない。

ずっと学校にいた者としての立場から言わせてもらえば、「消費社会的」段階に入って進んだのは、「社会の学校化」ではなく「学校の社会化」であった。それまで学校は国家（戦後はアメリカ占領軍）と結びついて前近代的な家や地域や共同体を解体して資本主義システムに合うように変える働きをしていた。子どもたちを近代的な政治（民主主義）や生産（資本制生産）や生活（資本制経済）の主体（国民、市民）として育成することによってである。学校は「近代」と国家からその権威を保障されていた。ところが、近代が確立すると国家（政治）は後景に退き、学校を動かすものとして登場してきたのは経済（市民社会的な欲望）であった。子どもの成績を上げて子どもの商品価値を高めたいとする親たちの欲望が学校に押しよせて、学校の共同体性を壊しつつ、子ども（生徒）を点数で一元化して見る偏差値体制ができあがった。学校が家や地域（住民）の社会的（経済的）欲望の「出店」になったのである。

学校が伝統的に持つ独自の権威や輝きを失って、市民社会的欲望の関数的存在になってしまったことは、教師が一番よく知っている。その学校が家や地域をコントロールしつつ「学校化社会」を推し進めているなんてとうてい信じられない。家も地域も学校も市民社会（経済社会）の侵蝕にあって共同体性を喪失し、それぞれの「個」の利害だけが関心事となり空洞化しつつある。「社会化」とは経済が支配的になるということであり、今問題なのは「社会化された家庭」であり、「社会化された地域」であり、それによって「社会化された学校」なのである。「経済」に一元化された家庭や「経済」に一元化された地域、「経済」に一元化された学校とはそれぞれその独自な文化性、生活性を失いつつある。

〈もともと存在しない地域の共同性を、共同体的実存を持つ親たちが、日本的学校化によって埋め合わせようとする動きが生じます。そうしたことが、いじめの深刻化も含めて、九〇年頃からいろいろな少年事件が続発してきた理由を理解するヒントになります〉と宮台氏は言う。いじめの深刻化も少年事件の続発も親たちの〈共同体的実存〉のせいだと言うのである。教師たちが〈共同体的実存〉を身につけているのはわかる。学校や教師とはもともとそういうものである。だが、現在の親の世代に〈共同体的実存〉なんて本当にあるのだろうか。小学校や中学校の教師たちに話を聞くと、もう徹底して親たちとは意見が合わないという。子どもがトラブルを起こして親を呼んでも、どうしても話が合わない。昔の親は自分の子どもを中心に置きつつも、ほかの子どものことや学校のことも配慮していた（こういうのが〈共同体的実存〉であろう）。今は自分の子ども（の言っていること、成績や利害）だけに執着していて、ほかの子や学校のことなど考える視点や余裕がない。親も市民社会からそう「つくられている」のである。〈市民社会的実存〉のほうを強く持っているに決まっている。一九四一（昭和十六）年生まれの私でさえ〈市民社会的実存〉のほうが共同体的感性より強いことは明らかに自覚できる。また、そうなっていなくては今を生きられない。家や地域は〈学校の出店〉ではなく、高度消費社会や商品経済の論理、欲望や情報メディアの圧倒的な影響下にある。そして、子ども・若者たちは家や地域や学校からよりもずっと強く情報メディアによって「教育」されている。というより、家や地域や学校が消費社会の欲望と情報メディアによって規定されている。今や、情報メディアの「教育」力を計算に入れずに、学校の教育力や家庭でのしつけを強調しても始まらない。子ども(生徒)たちにずっと接してきた教師の実感からしても、学校や教育が子ども・若者たちを基本的に形成しているとは考えられない。宮台氏は〈教育がこの体たらくなのですから、日本に市民社会的尊厳観が根づくはずもありません〉と述べるが、明治期の教育ならいざ知らず二十一世紀の今日、学校のシステム的な教育は子どもたちの教育の基本は構成していない。

自我と自我のデスマッチ

さらに、〈学校的な価値の物差しだけが自尊心の糧になる〉という子ども・若者たちの現状認識も明らかにずれている。子ども・若者たちはますます「学校的なるもの」から逸脱しつつある。これは一九九〇(平成二)年に私の経験したことだが、当時私は伝統校であるK女子高校で一年生の担任をしていた。月に一回、放課後に全員参加の大掃除がある。あるとき大掃除中にクラスの先鋭な生徒が私のところへやってきた。彼女は「アタシの班の掃除分担のアタシのやるべきところの掃除が終わったから帰る」というのである。掃除をやらせるというのも共同体的である。掃除区域がクラス単位で決められており、その区域を「個」の集団である班に分担してやらせるのもまったく共同体的である。全校一斉にやるのもそうだし、一定の時刻までは掃除が終了していても下校できない不文律もますます共同体的なやり方（規制）である。

彼女はそういう共同体的な動きに敏感に反発する生徒だったから、ほとんど無意識に市民社会的に解体させようとしたのであろう。クラスの掃除分担は班ごとに分けられている。さらに、その班の区域を個人で分けてやったらしい。先に共同体的な仕事のやり方について述べたが、そういうやり方はひとつの仕事をみんなでやるという捉え方だから、たくさんやる生徒はたくさんやり、少しやる生徒は少しやってみんなで完成させるということになる。彼女はきっと、そういうやり方は市民社会的な「等価交換」に合わず不合理だと思っていたのであろう。それでも「だから帰る」と言いに来たのがすごい。実際、こういう共同体的な仕組みは、強い自立した「個」から、どうしてこういうやり方をしているのかと問われると納得できる説明はできないからである。

私が共同体的な感性を持つ教師だったら、頭ごなしに「みんながまだ終わりにしていないからダメだ」と決めつけたかもしれない。だが、あいにく私は共同体的感性より市民社会的感性をより強く持つ教師であった。彼女の言い分にも一理あるなとチラッと思ってしまう、そんな教師だった。とっさに何を言っていいかわからなかった。そこでポイントをずらした。

私は「どうしてそんなに急いで帰るの」と聞いた。彼女は「帰りたいから帰る」とでも言えば私に勝利したのかもしれない。だが、つい「歯医者の予約がある」とウソを吐いてしまった。「どこの歯医者なの」「家の近くの○○という歯医者」とやりとりが続く。私はニヤッとして「ホントかな。電話で確かめてみようかな」とひとりごとのように口走る。生徒はちょっと怯んだ感じはあったが、「本当ですよ。電話してもいいですよ」と言い切る。私「やめた、やめた。もしウソだったら困るから」。彼女は心なしかホッとしたような顔つきをしていた。

ここで私が「どうしてそんなに急いで帰りたいのか」と聞いた手法も共同体的である。市民社会的でない。彼女はそういう共同体的な教師と生徒のやりとりに引き込まれてしまったので「歯医者の予約がある」といった生徒が早退したりするときのお約束ごとのウソを吐かざるをえなくなってしまい、最後には教師の「もしウソだったら困るから」という恩着せがましい「贈与」の論理に「屈服」してしまった。私はこういう共同体的な展開でよかったと思っている。市民社会的に教師と生徒が自我（「個」）と自我（「個」）でやりあえばデスマッチのようになり、けりはつかないからである。

実際、この子とはこのあと彼女が卒業するまでずっと仲良しだった。もちろん、このケースで言いたかったのは、子ども（生徒）たちがますます「学校的なるもの」から逃避しようとしているということであり、〈学校的な価値の物差しだけが自尊心の糧になる〉という認識は壮大な勘違いだと言いたいのである。

「象徴的な父」の役割

「学校的なるもの」とは勤勉とか努力、真面目とか人格を形成するといった「産業社会的」段階までの日本の美徳とされるような近代（前期）的価値のことである。教師はすぐにそう考えるのだが、どうも宮台氏のいう〈学校的な価値〉は違うようである。日本の教師のすぐに考えそうな〈学校的な価値〉は今や風前の灯であり、とうてい子ども（生徒）たちの〈自尊心の糧〉になるようなものではない。日本の教師たちの根本的な錯誤はそういう近代（前期）的な「学校的な価値」が子ども（生徒）たちの目標たりうると勘違いしているところにある。だが、これは認識としては間違いであっても実践としては価値ある間違いともいうべきもので、あながちそういう努力とか真面目とか人格の形成などといった「学校的価値」を子ども（生徒）たちに押しつけるのは間違いとは言えない。

子ども（生徒）にはすぐに受け入れられないとしても、そういう「外部」的な価値を提示することは大切である。そういう点で日本の教師たちが、すこぶる臆病になってしまっていることこそ責められるべきである（素《す》で教師をやってはいけない）。子ども（生徒）の成長にとって「外部」的な価値の提示は絶対に必要であり、それがその生徒に受け入れられない質のものであっても、とにかく「外部」は「外部」として子どもの成長(変革)にとって大事なものだからである。「外部」は「外部」であるかぎり「象徴的な父」的な役割を果たす。そのときは受け入れなくても、あとで理解する可能性もある。宮台氏も社会学者としてのフィールドワークから実感されていると思われるが、現在の子ども(若者)たちの自己は「象徴的な父」の刻印を打たれていないきわめて不定型なものとして存在している。それを近代的な「個」としての定型に近づけようとするのが教育の役割なのであろう。

ところが、宮台氏の言う〈学校的な価値〉とは、教師がすぐに想定するような人格とか人間としてのありよう(生き方、考え方)ではなくて、どうやらストレートに成績や偏差値を指しているようなのである。もしそうだったらそれは「学校的な価値」ではない。それは学校に市民社会的な欲望(「個」の商品価値を高めること)が浸透した結果生じたものであって、「学校的な価値」というよりは「社会的な価値」である。(四)の「校内暴力」でも触れたように「社会的なるもの」(経済第一的な発想)による学校の支配とも言える。「学校の社会化」の結果によるものである。本当に宮台氏が〈学校的な価値の物差しだけが自尊心の糧になる〉と考え、その〈学校的な価値〉が成績や偏差値といった個人の経済的価値に還元されるものを指しているとすれば、氏の子ども観、人間観はすこぶる単純かつ浅薄なものということになろう。

宮台氏はたとえば〈プライド——あるべき自己——と、自己信頼——現実の自己——とが大きく乖離した場合、確率論的にいって、かなり多くの若者が「引きこもり」になり、それよりも少ない割合の若者たちが「ストーカー」になり、さらにずっと少ない割合の若者が「キレる少年」になります〉と断定する。私は「あるべき自己」と「現実の自己」との対立は近代人の宿命であり、かえって、近代的な「個」としては正常な形であるように思う。「あるべき自己」と「現実の自己」の二つが意識されていることは自己を客観視（「外」から見る）していることにもなる。逆に、私が問題だと思う子ども（若者）のありようは、「あるべき自己」と「現実の自己」とが一体化してしまい、自己を客観視することができないことである。矛盾した二つの自己を抱えていることこそ、近代人としては正常ではなかろうか。

ところが、宮台氏はこの「あるべき自己」と「現実の自己」との衝突、対立をむしろ不正常、不健康なものと位置づける。そうしてもっと理解しがたいことには、その近代人としての「正常」のあり方から「引きこもり」「ストーカー」「キレる少年」が発生するのだという。そうだとすれば、子ども・若者問題の根源は「共同体的なもの」ではなく「市民社会的なもの」に論理上なるはずである。「引きこもり」が一番多く、ついで多い数で「ストーカー」になり、数少ない若者が「キレる少年」になるのだという。この不等式もよくわからない。

おそらく宮台氏も勢いで言っているだけで科学的な根拠はないはずである。さらに驚くべきことに、宮台氏の言う「あるべき自己」とは、親や教師やまわりの人から提示される「外部」的なものであり、かつ、成績がいい程度のことを指しているらしいのだ。たとえば、宮台氏は中身はこまかく説明していないが〈最近、藤井誠二さんとの共著で出版した『美しき少年の理由なき自殺』(メディアファクトリー)のS君も、まったく同じ問題に直面していました。田舎で勉強ができることによって周囲から与えられたプライドと、田舎から出ようとしたときに直面する自己信頼の低さとの間に、大きな乖離があったのです〉と書いているからである。

「あるべき自己」と「現実の自己」の併存

明治の昔からこんな「乖離」はあったはずである。こんなことは近代のふつうの風景なのである。それが病理的なものになってしまうのは、「あるべき自己」(プライド)と「現実の自己」(自己信頼)という近代的風景を、自己にとって抜きさしならない危機のように受け取ってしまう子ども(若者)たちの自我(「個」)のありようが、問題であるからであろう。幼児が家や地域で自由気ままに育ち(「プライド」を手にし)、学校へ行ってみたら自分の思うとおりにならない世界が厳としてあることに気づいて(「自己信頼」を失って)愕然とする絵柄と同じである。こういう経験は近代的な「個」が形成されるためにはむしろ当然のプロセスであり、必要なことなのである。私たちもみんな多かれ少なかれ経験している。自分すらも「他者」として映じてくるこの体験は、近代的な「個」に成長するために必要なことである。このときに我を失わないようにするために、幼児のときからさまざまな挫折を味あわせてやることが大切なのである。

それに「現実の自己」（の姿）との対比で乖離を引き起こすような「あるべき自己」とは、田舎で成績がよくてチヤホヤされたプライドのようなものであるわけがない。逆に、プライド（自尊心）と「あるべき自己」をイコールで結ぶべきではない。私たちに精神的な不安定さ（人格を分裂させるような）を持ち込む「あるべき自己」とは「成績がよい」といったプライドレベルのものではなく、もっと人間（人格）のトータルなありようであり、「象徴的な父」によって「去勢」を受けた「個」がめざすべきものとして自己の「超自我」から提示される総体的な人のありようのことであろう。私は「乖離」を引き起こすのはこのレベルであろうと思う。単に成績をめぐるプライドと現実の差などであるはずがない。とにかく、親や教師が子ども（若者）に押しつける「あるべき自己」は、子ども（若者）が内面化しないかぎり彼の「現実の自己」を脅かすはずはないのだ。

つまり、生徒A君がいかに親や教師からやいのやいのと勉強や成績のことを言われても、自分から(内面で)そう思わないかぎり宮台氏の言う〈学校的な価値〉(成績や偏差値にかかわること)は何ら生徒A君を脅かさないし、「現実の自己」と乖離を引き起こすこともない。この点については援助交際をしている少女たちが親から学校から社会から求められている「あるべき自己」をまったく気にしないで、まったりと生きのびている現実を宮台氏はよくご存知のはずであろう。私たちはみんな「外部」から求められている「あるべき自己」を拒否したり、無視したり、縮小したりして自己を生きのびさせている。この二つの衝突は近代的な「個」としては当然のことである。かえって、この二つが一体化してしまったら、人は狂気そのものになるに違いない。

だから、「あるべき自己」と「現実の自己」が子ども(若者)たちの内面でよく区別されていなかったり、見分けがつかなくなっていることのほうがずっと問題なのである。「あるべき自己」と「現実の自己」が子ども・若者たちの内面でクリアーに対比されているとすれば、それがどんなに衝突しても心配はない。そして親や教師や社会が子ども(若者)たちに彼らが内面化すべき「あるべき自己」を提示するのは当然であり、むしろ、現在はその提示が明確にされていないことこそ問題なのである。その内容がたとえば共同体的なものだと非難しても始まらない。子ども(若者)たちは市民社会的なものも共同体的なものも、おおよそ社会にあるあらゆるものと出会い、衝突し、交流し、排除して近代的な「個」になっていくものであろう。そういう力をどう身につけさせるかが大切なのであって、これはダメあれはダメと彼らの行く道筋をきれいに掃き浄めることこそ、子ども（若者）たちをスポイルする道につながっている。

子ども（若者）たちには「あるべき自己」と「現実の自己」を併存させて生きるワイルドな力こそ必要なのである。この二つは別に一致させなくてもいい。私たち旧い世代も「あるべき自己」「現実の自己」をしばらく無視するとか、「あるべき自己」のレベルを下げるとか、あるいは、「現実の自己」を実態以上にきれいに飾り立てて眺めるとかして自己を生きのびてきた。だいたい、自己の思いどおりに、自己の欲望どおりに生きなければならないとする市民社会的な「あるべき自己」のほうが、ずっと子ども（若者）たちにとって抑圧的であり、脅迫的なのである。自己は内部に矛盾や対立を抱え込んでいるものであり、思うとおりに生きることはできないのだ。また、「思った」とおりに生きてはいけないのだ。教育的にはまず、「思うとおりには生きられないよ」という共同体的な感性を子ども（若者）たちに身につけさせる必要がある。さらに、自己の定型的な「個」の形にまず馴染むことなしに、「本当の自分」（「この私」）は実現することはできないという近代のパラドックスもある。「消費社会的」な子ども・若者たちは、まず自己実現をめざすまえに、自己を近代的な「一」として表示する力を持たねばならないのである。

（九）和田秀樹——学力低下論の落とし穴

「子どもはもともとすばらしい」論の欺瞞

子ども（若者）は情報メディアによって大いに「つくられている」が、情報メディアに全部「つくられている」わけではない。そして、「個」によって「つくられ方」も、「つくられてしまう」度合いも違う。みんな同じように「つくられる」が、みんなが同じになることはない。同様に、子ども（若者）は「商品経済」によって徹底的に「つくられている」とはいえ、すべて「つくられている」わけではない。学校教育によってかなり多くを「つくられている」が、みんな「つくられてしまっている」わけではない。親によって「つくられている」ことは間違いないが、これまた子どもの本体のすべてを親が「つくる」わけではない。だから、子どもが教育やら家庭やらの力（影響）で「こうなった」というのは一面的である。とりわけ教育は物の生産と違い、「こうすれば」「こうなる」といった法則性がうまく働かない。知識を教えるにしろ生活を教えるにしろ、近代のテクノロジー（合理的な技法）がうまく成立するかどうかわからない。教える側も教えられる側（学ぶ側）も物ではなく複雑で複合的な人なので、物の生産のような科学の法則性で動くわけではない。また、教えられる（学ばれる）「もの」も、物質のように質料や形状の確定しているものではない。

情報メディアや教育などによって、どのように「つくられても」変わらぬ「人の原型」のようなものが子どもにもともとあると言っているのではない。子どもの「本来的なすばらしさ」や「無限の可能性」という考えを私たち日本人は「自然に」持っている。ここがキリスト教文化と違う。教育や子育てが甘くなる理由のひとつである。私たちが子どもや教育を論じはじめると、必ずもともとある子どもの「本質的なすばらしさ」をいかに無理なく成長させるかという話になりがちである。子どもはもともとすばらしいのだから、子どもがおかしかったり勉強しなくなったことは社会や教育や親が悪いということになる。もちろん、理屈として合ってはいるが、何も生み出さない。ここで結論が出てしまい、議論がストップする。子どもが「もともと本質的にすばらしい」ものであるという前提に無理があるのであろう。議論は社会のせいにしても、現実には生きている一人ひとりの子ども（人）が、結局自分で責任を取ることになる。どのように育ち、どのように教育され、どのように人格形成した人でも、同じように義務や責任を負うのが近代社会だからである。つまり、子ども（ひと）は社会によって「つくられる」唯一の動物であり、なおかつ、望もうと望むまいと自分が「そうなった」責任は自分で取らざるをえない唯一の動物なのではないか。そのことを考えると、「子どもはもともとすばらしい」論はまったく無責任な前提ということになろう。

仮に、近代に（本当は）生まれたくなかったとしても、近代人の責任は負わなければならない。先鋭な「個」からすると、まったく不条理な世界である。だから、「人を殺してみたかったから」殺す少年や、「どうして人を殺していけないのですか」と問う少年も出てくる。彼らも現実には近代人を生きなければならないが、彼らの頭のなかの「自由な王国」では完全に自由に（王様として）「生きている」のかもしれない。「消費社会的」段階ではそういう子ども（若者）たちが出てくるのは避けられない。共同体的な理屈抜きの「禁止」や「規制」が、彼らの内部であまり働かないからである。「人を殺してはいけない」理由を、孤立した「個」に納得させることはすこぶる困難である。彼らが人を殺したい衝動が「つくられた」ものか「もともとあった」ものかはわからない。もちろん、複合的なものとして彼（ら）を動かしたのであろう。

市場原理の中の子ども

ただ、子ども（ひと）は完全に「外部」から「つくられてしまう」わけではない。「つくられる」ためには「つくられる」（加工される）原材料というか粗型というか、その核になるものがそこにあるからである。そして、それは「もともとあった」ものではなく、環境（外界）に「つくられる」ことによって姿を現してくる、決して「つくられることのない」何ものかなのであろう。私たちの実感でも教育やメディアによって「つくられたのではない」何かを自らの中心に感じる。

情報メディアや「商品交換」やしつけや学校教育によっても「染められないもの」があると言えば、子どもの実態がもともとあると言っているようにも見えるが、そうではない。その「何ものか」が自分の独自性（他の人との違い）を感受するのであろうし、実際、まったく同じような人間はこの世にいない。

こういうひとの単独者性をまったく無視して子ども・若者問題を論じているのが、精神科医の和田秀樹氏である。それは何よりも氏が〈いま、必要なのは教育の「市場原理」「競争原理」だ〉と言い切っているところからも明らかである。[23] 商取引の世界ではお互いに対等な「個」（「一」）と「個」（「一」）である。「市場原理」を教育（学校）に導入して学校の停滞を打ち破ろうとする勢力はいまや強大である。「市場原理」は共同体の論理ではなく、それより進んでいる市民社会の論理の基になるものである。河上亮一の話によると、むかし自民党の旧小渕派の研究会に呼ばれて行ったとき、若手・中堅の議員たちはすべて教育への「市場原理」「競争原理」の導入をすでに常識のように語っていたとのことである。教育の共同体性を語った河上は、抵抗勢力としてむしろ嗤われたという。小渕首相（当時）や年輩の議員たちはみんな沈黙していたとのこと（ついでに言うと、河上はこの研究会の縁で「教育改革国民会議」のメンバーとして小渕氏から指名されたのである）。

和田秀樹氏の「正しさ」は、国家や共同体からの「贈与」の教育を返上して、教える側と学ぶ側とのやりとりを、売る側（売り手）と買う側（買い手）の「商品交換」という対等な関係にしようとしているところにある。そういう意味でリベラルで進歩的である。学校側が売り手であり、子ども・親側が買い手である。売り手が「主体」ならば買い手も「主体」である。そこには共同体的に垂直的な上下関係はない。平等とか対等という考え方は、商取引から発生したことがよくわかる。ところで問題は、教育において買い手（子ども・親）は何を買うのかということである。知識を買うのではない。知識は本などから得られるからである。しかし、本から知識を得るためには、言葉を知らなければならないし、言葉を知って本などから知識を得られる知力（知的構成力）は、子どもに自然に身につくものではない。

そういう知力は、まさに教師（先人）から知と身をもって教えられることによって身につけられるものである。そうなると、学校では本などから知識を得られるような知力を持った「未来の自分」を買おうとすると考えられよう。ところで、買い手（子ども・生徒）は買わないこともできる。だから、学校で「未来の自分」を買おうとする者は、クリアーに「未来ない「未来の自分」をイメージできる者だけになる可能性がある。「未来の自分」をイメージできない子どもは、お金を出して買っても消費しないでどこかにしまっておくかもしれない。現在すでに「消費社会的」感覚がゆきわたっているので、「未来の自分」をイメージできない家庭の子弟たちは「贈与」として教育を押しつけられても、受け付けないで逃走を図っている。つまり、「市場原理」の教育への導入で何が一番問題なのかというと、商取引をする主体は貨幣を持っていればすでに一人前であり、一人ひとりの「一」の内実は問われることはないということである。教育はまだ「一」ならざるものを近代的で市民的な主体（「一」）にする営みであるにもかかわらず、子ども（生徒）は「市場原理」ではすでに「一」として登録され、「一」として扱われる。これは教育の論理としては不充分である。

そして、教育で育成されるべき市民的な「一」の内実は、知力だけでないことは言うまでもない。「知」で人のすべては代表できない。身体能力や技能・集団で生活する力・集団に馴染む力・集団を動かす力・論理的な力などが「一」の内実として不可欠である。「知」は人格や倫理と直接つながっているわけではない。要するに、人の「一」を構成するのは、「知力」だけでなく「生活力」や「倫理」も必要である。教育が商取引になったとき、買い手のほうが買おうとする「未来の自分」のなかに、子ども（生徒）が（労働力として）売り手になったときの「商品価値」を構成しているようには見えない「人間的な要素」が入ってくるであろうか。おそらく、たいていの場合入ってこないであろう。したがって、「市場原理」としての教育では、教育の「知」と両立する重要な要素としての「人間的諸力」がないものと見なされる可能性が高い。むかしから、学校の成績がよくても社会（会社）では通用しない人材の話がよくされてきた。知力があっても、人とつきあう力・折り合う力・指導する力・自分を抑える力などの人間的な諸力がなければ社会では通用しない。近代の主体（市民）のテクノロジー（技法）は、知力だけで成り立ってはいないのである。

学校が変われば解決するのか

和田氏は子ども（若者）たちの全般的な変容については興味がない。〈ごく少数の子が起す事件にかこつけて、一般の子どものさらなる教育改革を行おうというのでは、教育を誰のためにやろうとしているのかを疑いたくなるのも当然ではないか〉として、〈亡国のゆとり教育〉を非難する。[24] 氏が大きく変わったと規定するのは「学力低下」である。〈私は、世間一般にいわれるのとは違うかたちで、最近の一七歳、あるいは高校生、もっといえば子ども全体が大きく変わっていると考えている。それは学力低下と勉強時間の減少である〉と言うのである。[25] 子ども・若者問題や教育（学校）を論じる論者たちが学校の旧くからの（共同体的な）体質を批判したり、改善を求めるのに対し、和田氏はまったく逆である。氏は本来の教育が教育改革や「ゆとり教育」によって歪められているとして、受験教育や偏差値体制を全面肯定する。知育中心の学校に戻せと主張している。学校において知育以外の「人間形成」が行われている事実にはまったく興味がない。ひたすら教科指導、授業の復権を強調する。

たしかに学力は大幅に低下していると思う。しかし、それは和田氏がシンプルに述べるように〈"ゆとり教育"の影響で、子どもたちが勉強しなくなったから[26]〉ではない。学校の教育が子どもたちを全面的に「つくっている」わけではないからである。子ども（生徒）たちは学校でだけ生活しているわけではない。多方面で自らを生きている人格体（ひとつのコスモス）である。また、ひとというものの自我が「こう思った」からといって「こう動ける」ような単純な信号系ではない。子ども（生徒）たちが勉強しなくなった理由はまさに複合的である。学力低下論議では、大学教授や和田氏のような知識人（専門家）が、「ゆとり教育」で授業時間や授業内容が削減されたから学力が低下したのだという単純な一次方程式をよく立てるが、事態も子ども（生徒）もそんなに単純なものではない。現在は文科省の教育改革は頓挫し、どこもかしこも「学力向上」ブーム一色であるが、これからも間違いなく全体的な学力は上がらないと思う。

子ども（ひと）は知識を注入できる容れ物ではない。たくさん教えたからよくわかるようになるわけではないし、少なく教えたから成績が下がるわけでもない。逆に、たくさん教えすぎたからわからなくなってしまうわけでもないし、少なく教えたからよくわかるようになるわけでもない。〈量を減らした中で共通して身につけるべき基礎・基本は、全員がきちんと修得する〉[27]から、「教育改革」が完成した暁には、教えた（三割減の）内容をわからない子はいなくなると断言した文部官僚の寺脇研氏はまさにお笑いぐさである。子ども（生徒）は自ら学ぼうとしなければ、どんなにたくさん授業を受けても学べない。そして、「自ら学ぼうとする」生徒の姿勢は、学びを始める前に形成されている必要がある。ここが「個」を基軸とするリベラルな思想からすれば理不尽なところである。つまり、子どもという「個」は「生徒」というありように自己限定しなくては学べない。その「生徒」（学ぶ者）への自己限定はまだ「未来の自分」が不分明な状態でなされねばならない。この点がまったくリベラルではない。

和田氏は〈まず学校が学校らしくなることです〉と述べ、学校が氏の考える元の姿、あるいは、本来の姿になればいいと言う。本来の姿とはもちろん授業や教科を教えることを指している。〈ところが今の学校は生活指導の問題に走り回っていて、本来の仕事ができずにいる〉状況だと判断している。[28]ここで少し唐突だが、やはり教育問題によく発言している社会学者の上野千鶴子氏が同じ趣旨の発言をしているので引用させてもらい、上野氏の所論も併せて検討してみたい。

（十）上野千鶴子――偏差値身分制と児童虐待

「偏差値身分制」とは!?

上野氏は学校観そのものは和田氏とほぼ正反対であり、偏差値も嫌いなら〈学校的価値（上野氏の言葉）〉も大嫌いである。にもかかわらず、教育問題、子ども・若者問題を論じたのちの結論部分が同じなのである。まずその部分を引用するとこうなる。〈学校はこのさい、授業という本分にみずからを徹底的にダウンサイジングするべきではないでしょうか〉〈学校がこんなに肥大化した状況がいいはずはありません。学校を分相応にダウンサイジングして、授業で勝負してほしいと現場の先生にも話すのですが、先生たちからはいつも反発されます。生活指導もやらないと教室が成り立たないとか、親から要求されるとか、さらには熱血教師をやることが習い性になってしまっているとか……。学校のほんとうの目的とは、なんなのでしょうか[29]〉。

和田氏も上野氏も学校は授業に専念すべきだと言っている。それを和田氏は〈学校が学校らしくなること〉と述べ、〈本来の仕事〉と言い、上野氏は〈学校はこのさい、授業という本分にみずからを徹底的にダウンサイジングするべき〉と述べる。ほぼ完全に意見が一致していると考えてよかろう。少し違うのは、和田氏が学校の現在の姿をもっと発展させて〈学校が学校らしくなる〉と表現しているのに対し、上野氏は現在の学校の姿を縮小して〈授業という本分にみずからを徹底的にダウンサイジングするべき〉と主張している点である。さらにもっと似ているのが、学校が〈本来の仕事〉〈授業という本分〉に回帰または専念できない要因として、和田氏が〈今の学校は生活指導の問題に走りまわっていて、本来の仕事ができずにいる〉と述べ、上野氏が〈授業で勝負してほしいと現場の先生にも話すのですが、先生たちからはいつも反発されます。生活指導もやらないと教室が成り立たないとか……〉と述べている点である。

つまり、お二人とも学校は〈授業で勝負してほしい〉と思っているのに生活指導などで阻害されていると考えている。この二つの認識で一致しているのだから、ほぼお考えは一致していると考えてよかろう。正反対に近い学校観や学校認識から、どうしてほぼ同じ結論が出てくるのか不思議である。ただし、厳密に言うと、和田氏が〈生活指導の問題〉をシンプルな阻害要因と考えているのに対し、上野氏はこの結論に到達するまでの展開において、教師（学校）の授業以外の活動や〈学校的価値〉が本来の学校そのものの働きを歪めていると強調しておられるので、その主張を参照しながらこの「不思議」がなぜ生じたのかを改めて検討してみよう。

上野氏は和田氏と正反対に偏差値も嫌いなら〈学校的価値〉も大嫌いで、こう述べている。〈偏差値一元尺度という学校的価値が、学校からあふれて外ににじみ出て、その結果、この一元尺度による偏差値身分制とでもいうようなものが出現してきています〉。和田氏はごく少数の子ども（若者）の引き起こす凶悪犯罪を理由とする「ゆとり教育」や「教育改革」が教育の「市場原理」「競争原理」の徹底を妨げていると批判するが、上野氏は学校から「偏差値こそがすべて」という〈学校的価値〉がにじみ出て家庭や社会を汚染していると非難する。どうしてこのお二人から「同じ結論」（改善策）が出てくるのか本当に謎である。片や偏差値こそが本来の教育と言い、片や偏差値こそが諸悪の根源であり、社会ににじみ出て〈偏差値身分制〉まで形成しているとまで断言しているのにである。

〈偏差値身分制〉の例として上野氏は大学卒の採用試験の指定校制を挙げ、〈大学名を言っただけで違う待合室に通されるということを、みんな知っています。偏差値序列ではっきり輪切りになっている。これが現在の学校化社会の実情です〉と言う。私が前に勤めていた高校の生徒たちが、地元ではコンビニのアルバイターになれないという噂を聞いたことがある。募集ビラに「A高校の生徒はお断り」と書いてあったとかなかったとかいう。その噂にはオチがついていて、A高校のあるアルバイターの生徒が「豆腐」という字が読めなかったから、とにかくA高校の生徒はやめにしようということになったとのこと。もちろん、あまり笑える話ではないし、かつてA高校にいた者にとっては心の痛む話である。上野氏によると、こういうことも「学校化社会」なるものの結果ということになるのであろうか。コンビニの経営者がアルバイターを選ぶことにまで、学校からにじみ出ている〈学校的価値〉による〈偏差値身分制〉が働いているということになるらしい。

でも、これは話が逆さまになっている。オーナーは「豆腐」を読める程度のアルバイターが必要であり、その方針にもとづいてたまたまA高校の生徒が読めなかったりして支障があったので、A高校の生徒をアルバイターからはずそうとした。もちろん、今や高校は成績による完全な輪切りになっているから、こういうことを思いつくわけである。しかし、〈学校的価値〉なるものの影響を受けてそうしたわけではなく、漢字の読解力を問題にしてそうしたのである。そこに働いているのは純粋に経営の合理性であり、効率性である。この合理性が人権上配慮が足りないという話になればまさにその通りである。A校生が訴訟を起こせば勝つことは充分可能であろう。上野氏はそういう人権上のレベルの話をしているのではなく、〈学校的価値〉なるものが社会を汚染していると言っているのである。

たしかに、大学卒の採用試験における指定校制や、隠れ指定校制はよく知られている。人権上問題になるはずだからもうあまり公然とはやっていないらしい。このことの人権上の問題性を認めることでは私も人後に落ちない。だが、企業がそうしている理由を、上野氏のように〈偏差値一元尺度という学校的価値が、学校からあふれて外ににじみ出て、その結果、この一元尺度による偏差値身分制〉によるものであると規定されると、チョット待ってと言わざるをえない。世界と市場を相手にして仕事をしている企業の経営者やスタッフは、〈学校的価値〉などというものをそのまま認めるほどヤワではない。企業側が実質指定制を取っているのは、偏差値が「上」のほうが企業に入って生産性が高いことを、経験的および確率的に知っているからであろう。つまり、採用の効率性と企業の生産性を高めるためにそうしているにすぎない。門戸を広げて誰でも受け付けたら、採用業務だけで手一杯になってしまう。そんな効率の悪いことはできるはずはない。

と、私などは常識的に考えてしまうのだが、上野氏は「その学校的価値が学校空間からあふれ出し、にじみ出し、それ以外の社会にも浸透していった」結果だと見ている。「ヘェッ、学校ってそんなに偉いすごいものなんだ」というのが私の率直な感想である。これを上野氏は「学校化社会」と規定し、もともとの発明者（イヴァン・イリイチ）の意味ではなく、現在は宮台真司氏の使っている文脈で流通していると述べているから、「学校化社会」についてはここであえてコメントする必要はなかろう。それにしても、世界や市場を股にかけて身体をはっている企業のスタッフたちも染め上げてしまうのだから、〈学校的価値〉なるものはものすごく偉大で強力なものということになろう。とても信じられない。こういうことを思いつく人というのは、頭が「学校化」されてしまっている人なのではなかろうか。つまり、学校がものすごい力を持つ（あるいは、問題がある）と頑なに信じ込んでいて、社会から学校を見たり、学校から社会を見たりするといった頭の柔軟さを失ってしまった人ではなかろうか。そんな気がする。

幼児虐待における「自我の物語」

上野氏はまた〈高度成長の余波で階層差が縮小してきたこともあるけれど、それが高校全入運動あたりから学校と家庭とのあいだにあった価値観のギャップがどんどん縮小し、家庭の価値が学校的価値に侵蝕され、学校的価値にもとづいて親が子どもを判定するという状況が生まれ、それがいまに続いています〉と、やみくもに「学校化社会」なるものを叩く。学校と家庭とのつながりについては（八）においても論じたことなのでここでは繰り返さないが、上野氏の言われる〈学校的価値〉なるものがどこ（何）から生じて、どうやって社会（企業までも!?）を汚染するほどの強大な力を持つようになったのかの説明は、する必要があるのではなかろうか。氏は〈学校的価値とは、明日のために今日のがまんをするという

「未来志向」と「ガンバリズム」、そして「偏差値一元主義」です〉と述べてはいるのだが、どうしてこれが〈学校的価値〉であるのかの説明は一切していない。

「偏差値一元主義」こそまさに学校的なものに見えるが、これについてはすでに「学校の社会化」によって新たに「消費社会期」に生じたものであると私は論じている。あとの「未来志向」にしろ「ガンバリズム」にしろ、学校に特有なものとは言いがたい。近代の社会に一般的に存在する「美徳」（モラル）であろう。もし、これも〈学校的価値〉がにじみ出て、社会を「汚染」したものと考えるのなら、そういう「未来志向」や「ガンバリズム」がまずどうやって学校に生成（自生）したのかを説明すべきである。近代学校は自前の内燃機関や推進力を持たない国家や共同体や市民社会の関数（他から動かされるもの）と私は考えているので、どうも納得できない。しかるのちに、どうやってそういう〈学校的価値〉が家庭や社会ににじみ出ていったかを説明すべきであろう。

というのは、私は先に子ども（若者）は情報メディアによっても「つくられる」し、「商品経済」や学校教育や親によっても「つくられる」が、完全に「つくられる」わけではないと述べている。それが子ども（ひと）というもののリアリティであろう。ひとには「つくられる」ものと「つくられない」ものとがあり、ある人（たち）が「そうなったこと」について単純な原因や理由は示せるはずがない。ところが、上野氏の〈学校的価値〉とはまるで圧倒的な力を持つらしく、「乳児虐待」の原因とさえされている。ある高学歴の母親が赤ん坊に離乳食をやっていて、吐き出されたので思わずカーッとして子どもを殴ったのだという。離乳食を始めるのは生後六か月ぐらいからである。一歳に満たない乳児を殴ったのもすごいが、その母親の告白する「理由」と上野氏の「解説」がこれまたすごい。

少し長いが引用させてもらう。

〈その母親はなぜそうしたかというと、「自分が丹精こめてつくった離乳食を、赤ん坊の口に入れたら『オエー』と吐き出した。私は小さいときからがんばってやってきたことで、人に受けいれてもらえなかったことはない。やればかならず褒められ、励まされ、受けいれられてきた。それが、いま自分がいちばんだいじだと思っている子どもから拒絶された。自分の努力を評価してもらえなかった。それでカーッと頭に血がのぼった」というのです。笑える人は笑ってください。学校化世代が母親になるということは、このような事態を指します。この人はまじめで、がんばり屋の母親です。こういう率直な告白と自分の対象化ができる人です。彼女を受けいれ、励まし、評価してきた価値体系、つまり学校的価値以外の価値を知ることがなかったために、このような母親が子育てのなかで追いつめられていく恐ろしい現実を、私は学校化社会の果てに見てしまいます〉。

私にはこの「恐ろしい現実」よりも母親の語りと上野氏の解説のほうがずっと恐ろしい。

少なくとも解説のほうは「風が吹けば桶屋がもうかる」に近いこじつけである。上野氏の頭があまりにも「学校化」されすぎているので、〈高学歴の母親〉で〈まじめで、がんばり屋〉さんが母親として持つマイナスを、学校のせいにして説明するしかできないらしい。世の中にはこの母親と反対に「低学歴で不真面目で手抜き屋さん」の母親もいる。そういう母親も子育てをうまくやれているのかもしれないし、この〈学校的価値〉に汚染された母親のように致命的な失敗をしているかもしれない。あまり学校的な価値と親しくしてこなかった母親も、赤ん坊が自分の思うとおりにならなかったら、手を出してしまっているかもしれない。上野氏の解説はこじつけである。少なくとも、三割ぐらいの真実性しか感じられない。

もちろん、これがこの母親にとっての真実であることは私も認める。学校好きだった母親であろうと、学校に疎遠であった母親であろうと、子育てが基本的に「贈与」であるという覚悟ができていないと、こういう事態は生じる可能性がある。ただ可能性があるだけで、六か月ぐらいの赤ん坊を殴るという局面にはめったにならないとは思う。その母親の私たちには計算できない個別性があるからである。いずれにしても近頃の世代は、すべての人との相互行為において「等価交換」を求めようとするから、相手に対して必要以上に厳しくなってしまう。「私がこんなに心を込めて誠心誠意やっているのに相手が理解してくれない」と言って、生徒を殴ってしまう教師もめずらしくはない。みんな無限の「贈与」である「愛」から非常に隔たっている。このできごとは、そういう私たちの危機的な事態のひとつの現れのように私には思える。

私も共稼ぎの父親として四十年近く前に子育てを経験している。自らつくった子どもはいわば親にとって「原罪」[30]のようなものである。そうは頭で思っていても、その子どもに自分の時間を奪われイライラさせられることもままあった。とくにわが家は双子の男の子だったので、日曜日などに片方が寝ついても、もう一方が起きているといった具合でこちらの休むひまがない。子どもを寝かせようと抱いていても、こちらのイライラが伝わってしまうらしく、なかなか寝つかない。そういうとき、ああ、やっぱりこちら（親）が子どもをこうしたいと露骨に思っていると子どもに伝わるんだ、ただただ無私の心境で子どもを抱かなければいけないのだ、などと悟ったものである。結局、子育ても教師の努力も「見返り」は戻ってこないし、「見返り」を求めてはいけないのではあろう。あまり言いたくないことだが、たかが離乳食をつくるのに〈丹精こめてつくった〉と形容詞をつけたり、「食べさせる」ではなく〈口に入れたら〉と表現してしまうこの母親の「自我」は、子どもとの関係でこれからも困難を生みだすに違いない。

この話で、上野氏が母親の「自我」の語りを絶対視していることがわかる。私たち公教育の教師だったら、まずその語り（自我の物語）を疑うところである。子ども（生徒）の言うことをそのまま受け取ったりは必ずしもしない。ことによると社会学者というものは、そういう「自我」の物語を信じることになっているのであろうか。というのは、私は自分の勤務していた高校に、部落解放教育や民族教育を専門としている大学教授氏を招いたことがある。教職員の研修会で解放教育について話をしてもらった。その話はあまり面白くなかった。とりわけ聴いていた高校教師たちが違和感を持ったのは、教授氏の取ったアンケートの解説についてであった。教授氏は以前勤務していた短大の学生たちから取ったアンケートの中身について説明し、簡単に言うと「部落問題についてよくわかった」という解答を「部落問題についてはよくわからない」という解答よりも「すぐれたもの」として解説したのである。

私たち高校教師は、こういう問題については教師好みの解答をする生徒をまず疑う習性がある。これは数学を解いたり、英語の読解をするのとはわけが違う。生徒たちの思考や倫理観の内部でどう受け取られ、どう衝突し、どう整理されて言葉になってくるかが大切である。したがって、真剣に部落問題を受け止めれば「よくわからない」という解答になって出てくる可能性も高い。かえって、「よくわかった」という解答のほうが内面での対決を避けたりして、教師の求める「正答」に逃げ込んだ可能性も高い。「よくわかった」と答えたのが自分の講義の成果であり正しい反応だと確信してしゃべり、「よくわからない」や「やる必要がない」をまったく評価に値しないもののようにその教授氏が語るのが、ものすごく異様に感じられた。上野氏も、この母親の語りである「自我の物語」を少しも疑っていない。「自我」が彼女の本体だと思っている。つまり、社会学には「自我は偽証する」という精神分析的常識(31)はないのかもしれない。

和田氏と上野氏の共通点

さて、ここで課題として残してある和田氏と上野氏の学校観や学校認識がほぼ正反対であるにもかかわらず、「学校はこうなるべき」点で一致している謎へ戻ろう。和田氏は〈学校が学校らしくなること〉が必要だが〈今の学校は生活指導の問題に走りまわっていて、本来の仕事ができずにいる〉と述べ、上野氏が〈学校を分相応にダウンサイジングして、授業で勝負してほしいと現場の先生にも話すのですが、先生たちからはいつも反発されます。生活指導もやらないと教室が成り立たないとか……〉と語る。先に学校というと「知識を学ぶ」とイメージする人と「人間として成長する」ところと考える人がいると述べたが、お二人は「知識を学ぶ」派であり、それ以外の生活とか活動とか交流とかは必要ないと考えているのであろう。これは言うまでもなく教育の市民社会的な発想であり、共同体的発想ではない。

問題はどうして教師たちが授業という〈本来の仕事〉や〈授業で勝負〉に専念できないかということである。もちろん、教師たちにも「学校は授業」と考えている人と、学校は「人間として成長するところ」と考えている人の二種類いる（はっきりとわかれていたり、そう自覚されているわけではない）。皮肉なことに、「学校は授業だ」と考えている教師は、社会的関心は少なく上野千鶴子氏の本を読んだりしないので、上野氏が〈授業で勝負してほしい〉などと講演でしゃべると反発したりする教師は、たいてい「人間として成長」派だろうと思う。上野氏がスピーチをされたりする教師はほとんど高校教師と思われるが、高校教師は「学校は授業」派がほとんどである。中学、小学校と子ども（生徒）が低年齢化するほど「人間として成長」派が増えていく。熱血派や金八先生に憧れる教師は、「学校は授業」派でないことは言うまでもない。

とは言うものの、おそらく九割を超える教師は、本音としては「学校は授業」で毎日生活したいと望んでいるはずである。かく言う私も八〇年代後半、生徒が大変で胃潰瘍になったり心因性の気管支喘息で死にかけたりしていた頃、学校の事務室の職員がものすごくうらやましかったものである。時間どおりに勤務すればいいし、ややこしい子ども（生徒）たちの生《なま》の実存を相手にしなくていい。それにひきかえ教師は不定型で不確定で不安定な子ども（生徒）たちを、学年だけで数えても四百人近くも毎日相手にしている。授業は一日三〜四時間程度だが、その授業にただ出かけて帰ってくるだけの勤務だったらどんなに楽だろうかと傷心した気分でいつも考えていた。間違いなくどんな熱血教師でも、授業だけに集中して、毎日心穏やかに暮らせたらどんなにいいかと思っているはずである。授業以外の生活指導などは自分が曝されてしまう。裸の自己にさせられてしまう。

だから、どうして生活指導をやるのかと問われれば、たいてい「授業を成り立たせるため」と答えるに違いない。みんな授業は学校の中心だと思っている。ただ、授業に行って帰ってくるだけではうまくいかない人間的諸事情が学校にはある。「教育改革」派の官僚や研究者たちは「だから、わかりやすい授業を」などというのだが、わかりやすくてもわかりにくくても、とにかく授業以外の要素で「授業を成立しにくくしている」事情があるのである。たとえば、教室に入ってこないとか、入ってきても席に着かないとか、席に着いても教科書を出さないとか、教科書を出してもやる気を見せないとか、おしゃべりしているとか、音楽を聞いているとか、飲みものを飲んでいるとか、メールを打っているとか、いろいろある。そうこうしているうちに遅れてきた生徒がいたりして傍若無人にガラガラ、ドカドカと入ってきてしゃべりだす。その子を何とかおとなしくさせたら、別の子がガラガラ、ドカドカと入ってくる。とにかく授業に参加する姿勢を、形の上でも取らせるのに手間がかかるのである。

そうなるとまず授業を形の上で成立させるために、その場その場における指導だけではなく日常的な生活全般における指導が必要になる。休まないように、遅刻しないように、途中で脱けださないように、無断早退しないように、いいかげんな服装で登校しないように、派手な髪の毛や髪型にしないようになどと生活指導することになる。とても「人間として成長」には至らないかもしれないが、授業に向かう姿勢を形成するためには、直接授業とはかかわらないレベルの指導も必要となる。そういうこと以外にも喫煙とか暴行とか恐喝とかという事件も発生する。そうなると事情聴取から始まって家庭訪問したり、学年会を開いたり、生徒指導委員会を開いたり、管理職と相談したり、職員会議を開いたり、指導処置の申し渡しをしたり、家庭謹慎にしたら課題を持って家庭訪問をしたりするのである。

子どもはラーニングマシーンではない

子ども（生徒）たちは、和田氏や上野氏の考えているような「学ぶ主体」では今ないのである。お二人は、ひとはもともと「勉強する動物」だと思っているのであろう。お二人とも同一年齢中の一パーセントに入るような頭脳優秀な子どもだったろうから、こういう下々のリアルな実態や苦労はわからない。小学校に入られたとき、すでに「学ぶ主体」としてほぼ確立されていたのではなかろうか。日本では一般に、子どもは家庭での養育としつけを受けて地域の子ども集団と出会い（これは今では保育園や幼稚園が代行していよう）、そのあとで学校へ入ってくる。第一段階（家庭）で現実と非現実の境界が発生し、「自我」が形成され始める。第二段階（地域）ではゲームや遊びによって集団性やルールやリーダーシップなどを学ぶ。ここで子どもの「自我」は相対化されよう。第三段階での学校では、直接的な生活性から離脱して個人を超える「知」や世界と出会うわけである。ここで自立的な個人（市民）の基礎（土台）がつくられる。

こういう自己形成のプロセスを、みんながクリアーして学校へ入ってくるわけではない。和田氏も上野氏も、学校で子ども（生徒）は「学ぶ主体」として存在するかのようにイメージされている。それはあくまでも理念上の設定にすぎない。A君は学校に入っても、まだ実際は第一段階をうろうろしている。Bさんは第二段階にいて、まだ学ぶ姿勢が身についていない。C君はすでに「学ぶ主体」としてほぼ確立しており、生徒あるいは生徒以上の「学ぶ主体」としての力や自己統制力を持っている、などさまざまに子ども（生徒）たちは存在している。これは何も小学校に入学したての子どもだけに適用されるのではなく、中学二年生にも高校一年生でも同じである。

そして、これに生徒（学ぶ者）の姿勢だけではなく、一人ひとりの知力の差も加算されることは言うまでもない。こういうさまざまで多様、かつ、それぞれの志向性を持ってその場にいる子ども（生徒）たちを授業に参入させることは、生半可のことではできない。

子ども（生徒）たちはその近代人としての自己形成のプロセスにおいて、第一段階をがっちりと終了して第二段階に入るわけではないし、第二段階をしっかり卒業して第三段階の学校へ入ってくるわけでもない。学校へ入ってからも未解決な問題や痕跡を一人ひとり引きずっている。みんなそれぞれの問題を引きずっている。したがって、学校へ入ってもそこで「家庭的な要素」や「地域的な要素」が繰り返される（もちろん、まったく繰り返す必要のない子もいる）。学校は子ども（生徒）たちの「個」を家庭的なしつけのレベルにおいても、地域的な集団生活のやり方においても、再訓練せざるをえない。

　学校によっては、再訓練を経ずしてすぐに「教育空間としての学校」が成立するところもあろう。下のほうの高校では、再訓練ばかりしていてなかなか「知的空間としての学校」にまで到達しないということもある。それに「学ぶ者」としての生徒になる上で子ども（生徒）たちの抱えている未解決な問題や痕跡は、授業の初めにも必ず繰り返される。それは何よりも子ども（生徒）たちがラーニングマシーンではなく、それぞれひととして「主体」であるからである。子ども（生徒）は教師の思うようにはならない。和田氏や上野氏も子ども（生徒）たちが自ら生成する（主体である）点をあまり考慮に入れていない。

　こういう「学ぶ」以前の困難を抱えていることについて、和田氏だったら、ただただためいきをつき、「そういう訓練は家庭でやるべきなのに」とつぶやくのではなかろうか。だから、日本の教育は「市場の論理」「競争の論理」を徹底させるべきだとますます確信するであろう。上野氏だったら「そういう余分なことをやって不必要な学校的価値をつくりだしているから学校はいけないのだ。やはり授業だけに縮小しなければ解決しない」と再確認するだろう。結局、和田氏も上野氏も子ども（ひと）の「自我」を、子ども（ひと）の「主体」（本体）と勘違いしているのであろう。子どもは「自我」（意識）で動くものと考えているように見える。生活指導的な訓練、すなわち身体性の訓練や集団の同調感などによるサポートなしにすぐに授業に入れるものと考えている。しかし、子ども（生徒）の「自我」が「勉強やらなくっちゃ」と思っても身体や頭脳はそう簡単には動かない。授業中「静かにしなくっちゃ」と思っても、なかなか自己をコントロールできない。もっと広く言っても、子ども（生徒）たちはみんな「勉強をしなくてはならない」ことを知っている。「やらなくてもいい」「やる必要はない」と思っている「個」はいない。にもかかわらず、みんなが勉強のほうへ動けるわけではない。「自我」は子ども（ひと）の本体ではないからである。本体（自己）は別の位置にあるのだ。もちろん、おとなでも「こう思っても、こう動ける」わけではない。思うのは「自我」だが、私たちを動かしている「主体」（自己）は「自我」の位置ではなく、別のところにいる。子ども（生徒）たちの「自我」に教師は語りかけるわけだが、「自我」に語りかけながら彼らの「主体」に届かせなければならない。でも、「主体」に届かせるのは偶然にしかできない。だから、学校では生活の枠組みをつくり、彼らの身体性を通して自ら「知」へ向かわせようとするのである。教師の語りがすべてではないのだ。

（十一）尾木直樹――学校告発はなぜ不毛なのか

悪いのは学校なのか

和田秀樹氏が「いまの学校は問題がある」論だとすれば、上野千鶴子氏は「学校はもともと悪い」論である。そしてこれから取り上げる教育評論家で大学教授の尾木直樹氏は「現在の学校は根本的に悪い」論ではなかろうか。尾木氏をよくテレビで見かける読者のみなさんは、氏の笑顔とソフトな語り口から意外な感じを受けられると思われるが、これから参照させてもらう『子どもの危機をどう見るか』（岩波新書、二〇〇〇年刊）では、現在の教育（学校）に徹底的に批判的である。徹底的とは、もう改善する余地がないから全面的に変革しなければならないと主張しているということである。たとえば氏は〈学校的価値や学校文化そのものが、現代社会から加速度的に遊離し始めています。むしろ、敵対的な位置へとズレ込んできている〉と断定している。文字どおり受け取れば「社会に敵対的になりつつある」と言っている。

教育や学校が社会に敵対的になりつつあるとは言わないで、〈学校的価値〉や〈学校文化〉が敵対的になりつつあると述べているところがミソだが、学校的価値や学校文化を備えていない学校はない。結局は、学校のありようが社会に敵対的になってきていると言っているのである。尾木氏はチョー革命的な教育の改革が必要だと、主張している。これは先頃頓挫した文科省の「教育改革」より過激である。尾木氏は〈現代社会から加速度的に遊離し始めています〉と述べるが、この〈現代社会〉が何を指しているのかよくわからない。学校（教育）は日本社会とそれほど齟齬をきたしていないからである。この〈現代社会〉は、尾木氏が理想とする社会をイメージしているに違いない。現在の日本社会に強い不満のある人たちは政治革命を口にできなくなったので、教育（学校）といった社会システムの一部に根本的な疑念を呈するように戦術転換している。子どもを「聖なる価値」と位置づけて、その絶対軸から社会や学校を批判するのも、実は根本的な体制批判の意図を隠し持っている。子どもを絶対軸にして社会や学校を捉え返せば、永遠に和解することはないからである。

尾木氏の言う〈学校的価値や学校文化そのものが、現代社会から加速度的に遊離し始めています。むしろ、敵対的な位置へとズレ込んできている〉とは、やはり学校（教育）の一般的な改革や改善では事態はよくなりませんよと言っている。その判断の基準となるのが子ども（生徒）たちの生態というか、いまあるそのありようとの敵対的な距離ということなのであろう。氏は子どもと学校との距離が開いたとき、絶対に子どもの側に立つと決めているようである。一見、子どもを大事にする「子ども中心主義」のように見えるが、教育は子どもたちを近代社会に馴致させるシステム的な営みである。そこには子どもが自ら生成する(「のびのび」)局面と、子どもを近代社会に適応できる市民(「個」)に変革していく(「厳しく」)局面がある。絶対に子どもの側に立つとは、子どもの変革(自己形成)の拒否を含んでいる。教育的とは言えない。つまり、教育の不成立をどこかで望んでいるということである。

子どもをアンタッチャブルにする危険性

尾木氏とは、十年以上前にテレビ朝日の「プレステージ」という深夜の討論番組で二、三度対戦したことがある。私たち「プロ教師の会」が『ザ・中学教師』三部作を出版した直後のことだから、私たちは「子どもが変だ!」と主張した。当時、東京都練馬区の中学教師だった尾木氏は、子どもは基本的には変わっていないと、とても楽天的だった。あれから子ども(少年・少女)たちのいろいろな事件があり、教育評論家として活躍されている尾木氏は、世の中の変化に合わせて「子どもは変わった」と論調を変えたように思い込んでいたのだが、この著作を読んで氏は一貫していて「子どもが変わった」とは言っていないことがよくわかった。尾木氏は世間的な感覚でなら「子どもが変わった」と言うところを、「子どもは危機に追い込まれている」と言う。これから少し参照させてもらう氏の著書『子どもの危機をどう見るか』をよく読むと、子どもたちは「学校から危機に追い込まれている」と主張している。

尾木氏は本書で、子ども・若者問題を子ども（生徒）と学校の関係でしか論じていない。家庭とのかかわりはちょっと触れているだけである。子どもは、ではなく、子どもの危機は学校によって全面的に「つくられている」と考えている。子どもの危機的状況は認めるのだが、その理由は子どもの変化に見合う学校の対応力のなさに一元化されている。学校がすべて悪いのである。子どもの危機は学校にありと語るのだが、子ども「について」は何も語らない。

たとえば、氏は〈小学校でまったく授業が成り立たない学級崩壊、「普通」の子がすぐに「キレ」てしまう現象、蔓延しますます陰湿化するいじめ、そして増え続ける不登校。大人による子どもの〝新しい虐待〟も増えています。子どもをめぐる環境は、いまや危機的状況にあります〉と述べる。子ども自身が危機的になってしまっているのではなく、子どもをとりまく状況が危機的であると言う。ここで見てとれるのは、「子ども自体の危機」についてはもちろん、子ども「について」すら語るのを回避しようとする姿勢である。子どもをアンタッチャブルな「聖なる価値」と設定することによって、永遠に社会や学校（教育）を非難することができるからだ。

同じことだが、尾木氏は〈子どもの危機とは、社会の危機です〉と述べ、岩波新書の帯の惹句にも〈子どもの危機は、社会の危機である〉と大きな活字で書かれている。まさにそのとおりであり、誰も反対しない正しさである。しかし、このコピーでは「子どもの危機は社会の危機につながる」と言っているのか、「子どもの危機は社会の危機によって生じている」のか不明である。前者だったら、だから「子どもを何とかしよう」ということになろう。後者だったら、だから「まず社会を変えなくては」ということになる。もちろん、尾木直樹氏は後者の立場にいる。したがって氏の言説は体制批判型、学校告発型のものであって、状況を改善（改良）しようとするものではない。教育の改善、学校の改良を信じていないのであろう。

子どもたちの「新しい発達」をどう解釈するか

尾木氏は、子どもたちの変容については「新しい発達」と述べている。〈学級崩壊の実態を見てみましても、子どもの新しい発達をはじめとする社会の変化から、いかに小学校が取り残されたかが明瞭に伝わってきます〉と言う。〈新しい発達〉という言葉から尾木氏が子ども(若者)たちの変容を否定的に捉えていないことがわかる。子どもの危機は社会の危機によってもたらされたものだから子どもには罪がない、そういう子どもたちの〈新しい発達〉にあくまでも学校は対応すべきであるのに対応できていない、したがって、〈子どもの新しい発達をはじめとする社会の変化から、いかに小学校が取り残されたかが明瞭に伝わってきます〉ということになる。実際は、学校（教師）も「新しい子ども」たちに対応しようとしているし、対応しようとしなければ学校の日常自体が成り立たない。また、学校（教育）は子どもを規制する（「厳しく」）だけでなく、合わせよう（「のびのび」）とするものなのである。にもかかわらず、学校という容れものが壊れそうになっているのが「学級崩壊」なのである。

子ども（生徒）に合わせなければ学校は成立しない。と同時に、子ども（生徒）に完全に合わせてしまったら教育が成立しない。どちらか一方が正しいわけではないのだ。完全に学校の側に立てたり、完全に子どもの側に立てられれば、ことは簡単である。学校も教師もこの大変さに今振りまわされている。これは親も同じである。完全に養育する親の側（都合）に立って、育児やしつけができればこんなに簡単なことはない。また、完全に子どもが自ら生成したいように子ども（乳幼児）のペースに合わせて養育できれば、これまたこんなに簡単なことはない。世の中というか、人間にかかわることはすべてそんな簡単にというか、一面的にできてはいない。乳児や幼児もすでにさまざまな衝動や欲望を持っている。その個体の生理にいつも合わせて子育てをすれば、社会に適応できる人間にちゃんと育つようにはなっていない。動物のように、持って生まれた本能（プログラム）によって成長し成体になるわけではないからである。ひとは文化的な動物であり、無理やり子ども（乳児、幼児）を社会的な存在（ひと、人間）にしなければならないからである。親の持つ志向性と子ども（赤ん坊）の持つ志向性とは必ず衝突するし、事実、衝突している。教育も親も子ども（生徒）との衝突を恐れたらおしまいである。だから、子ども（乳児、幼児）が完全に納得しない段階から、「しつけ」によってひととしての文化的身ぶりを教え込む必要があり、そうしている。学校教育の基本構造もこれとそんなに変わっていない。言葉だけで動いているわけではない。

たしかに、学校が子ども（生徒）たちをコントロールできなくなるとは誰も思わなかった。戦後も時間（時代）とともに子ども（若者）たちがどんどん変わってきていることは承知していた。私などの感覚では、戦後も一九七〇（昭和四十五）年を越えたあたりからもう新しい世代に、新しい社会をつくっていく可能性があるのだという戦後的楽観主義はなくなっていた。でも、子どもがどんなに変わっても、学校は学校たりうるという近代的な信仰があったことは事実である。いまから考えれば「農業社会的」近代や「産業社会的」近代に見合う、近代的な素朴な確信ではあった。しかし、「消費社会期」に入り一九八〇（昭和五十五）年以降の学校からは、子ども（生徒）がこれほど変容し、「オレ様化」してしまったら、もう学校は学校たりえないという悲鳴と軋《きし》りが聞こえてくる。教師たちはギリギリのところで学校を支えている。「生徒」であると自覚した子ども（若者）は学校内存在だが、子どものままの子ども・若者のままの若者は学校内存在とは言えないからである。

私はそうなった原因を教育レベル、学校レベルの問題としてではなく、子ども（若者）たちが学校だけで「教育」されているのではなく、すでに学校へ入る前から、そして入ってからもずっとより強力に「情報メディア」や「商品経済」や家庭から充分に「教育」されている事実に見る。尾木氏はすべて〈子どもの新しい発達をはじめとする社会の変化〉に対応できない学校のせいにする。〈いじめも学級崩壊も「新しい荒れ」も、すべて共通して「学級」という小さく閉ざされた世界の中で発生していることに注意を払うべきでしょう。子どもたちが学級の中で抱えるストレスを上手に受けとめることができずに、それを暴発させてしまっているという傾向が強いのではないでしょうか〉。どのように子どもが変容しようとも、どんなに社会が変わろうとも、学校はそれに合わせて変化すべきであり、変化できない学校が問題だという。そんなことは学校に可能か、また、国民はそういうことを望んでいるのか。子どもを変革させなくてもいいと思っているのか。

不登校の論じ方

学級が〈小さく閉ざされた世界〉であることは事実である。学級をなくせば「学級崩壊」こそはなくなるが、では、その「大きな開かれた学校」で子どもたちは、何を拠りどころにして自己形成していくのか。学級で生きられない「個」は地域でも会社でも家庭でも生きにくくなるに決まっている。社会にはいつでも社会の規制力が働いている。だから、子どもたちの「個」が好き勝手に浮遊するような空間が、教育空間であるはずはない。だいたい、私たちの一人ひとりがストレスもなく、何の圧迫や衝撃も受けないで生きられる空間が社会であるはずがない。自分の「個」に対するさまざまな抑圧や障害を乗り越えて、生きていく力を身につけさせることこそが教育なのである。そのとき、あまりにも子どもたちの「個」のありのままを認めたり、救おうとすること自体が、逆に子どもの「個」の生命力を弱める結果になりかねない。〈ストレス発生装置としての学校を避けて子どもたちが不登校に陥るのは、ある意味では、きわめて健全な反応といってよいでしょう〉はあまりにも一面的である。

私も不登校は「当然」の、「ありうべき」反応であることは認める。が、〈健全な〉には賛成できない。「あって当然の」反応であるということと、それが〈健全な〉反応であることとは違う。もし、「健全」であるならばマジョリティがそうなってもいいという理屈になる。

この〈健全な〉は現在の教育の対極に「正しい」「真の」教育を想定している表現である。尾木氏はつい、衣の下から鎧をチラッと見せている。不登校の子ども（若者）を抱えている親御さんがよくこういうことを言うのを聞く。私は当事者としてそう言ってしまう心情はよくわかるし、その意味での正当性もあると思う。普遍性はあるとは思わないが。しかし、自らそう名乗っている教育評論家がこう発言するのは、いかがなものかと思う。教育外的な論じ方なのである。まさに、いまや学校が子どもたちに敵対していると言っているに等しい。そうであるならば、解体または革命すべきということになる。つまり、この社会、この体制が悪いという政治的判断を不登校にかこつけて宣言しているに等しい。

教育内的に論じるのであれば、不登校が〈ある意味では、きわめて健全な反応〉であると判断するには、不登校になっていないマジョリティの子ども（生徒）たちがどういう意味で「健全」でないのかを証明しなければならない。それなくして不登校から根本的な学校批判をするのは、子どもや学校にかこつけて社会批判、体制批判をしているのと同じである。

ユートピアからの批判

実際、尾木氏はそれに近いことをはっきりと述べている。〈学校観・教育観そのものを二一世紀にふさわしい中身に転換する必要があるのです〉と述べる。時代や社会の進歩とともに必ず新しい考え方や方法が生まれてくるといった進歩史観（主義）に浸っている人は気づかないかもしれないが、「学校観」や「教育観」を転換するとは学校や教育のあり方を転換するのではなく、学校というものの捉え方、教育というものの捉え方の根本を今までの近代的なものから転換させようと言っているのである。これは当然、量的な改善（改良）ではなく、質的な転換（革命）を意味している。私たちが常識的に持っている学校観や教育観ではもはや駄目だと言っている。私はこれからも近代の学校観や教育観の基本は変わらないと思うので、尾木氏の言われる転換すべき新しい「学校観」や「教育観」はどういう世界観にもとづき、どういう内容のものか疑ってしまう。おそらく、今あるものではない本来的に理想的なものとしての学校や教育がイメージされているのであろう。だから、尾木氏もこれ以上具体的に語れないはずである。いわゆる、ユートピア的なものなのである。

尾木氏は言う。〈伝統的な学校的文化を押しつけ、整然と管理された環境の中で少しでも多くの知識を教え技量を習得させるような指導法は無効です。現代が求める指導のあり方ではなくなっています。むしろ、教師がそうした指導をすればするほど、先の例のように子どもをいじめたり虐待してしまうことにつながりかねません〉。前半の尾木氏が〈無効です〉と否定している「学校のあり方」や「指導のあり方」は現在世界中に認められており、どの先進国でもおこなわれているやり方である。尾木氏はグローバルに通用している「学校観」

「教育観」をも否定している。そしてさらに、〈教師がそうした指導をすればするほど——（教育が）子どもをいじめたり虐待してしまうことにつながりかねません〉とまで述べる。まさに伝統的な教育方法は、子どもに敵対的に近いと言っている。これほどまでに現在の教育や学校のあり方を否定するには、完璧で理想的な教育観や学校観を持っていなければできない。だが、尾木氏はそれを明示することはできない。ユートピアとして隠し持っているだけである。

ユートピアから現在を眺めれば、批判や不満はなくならない。ユートピアは誰も見たことがない。今あるものを否定した裏側の「あるべき世界」がユートピアだからである。だから、ユートピアから評論をするのは反則であり、無効である。結局、尾木氏のありようは「新しい子ども」たちと同じあり方をしている。「新しい子ども」たちは近代人としての「個」のあり方になかなか到達せずに、いつまでも「この私」（「私そのもの」）の位置にとどまっている。近代的な「個」としての「一」（「私」）になれば、自己の我執が相対化され、「われ」（「私」）がこの世には無数にいることを自覚していく。我執は決してなくならないが、「われ」（私と同じ「私」たち）が無数にいることがわかれば自分の思うようには生きられないことにだんだんと気づいていき、近代的市民を生きながら「われ」（「私」）をできるだけ拡大して生きることをめざすようになる。だが、ただの「われ」（「私」）に納得せず、「この私」という子どもがもともと持つ全能感的なものにとどまっているかぎり、いつまでも「完全に実現された自由な私」という「無いもの」を求めていくことになる。これは一種の自己ユートピアである。自己ユートピアに囚われているかぎり、絶対に満足や充足はやってこない。いつも不満であり、イライラしている。何もかもウザったいし、いつも疲れている。教育はこの衝動を断念させなければならない。「オレ様」たちの全能感を断ち切って近代的な市民にするとは、こういうことである。

（十二）村上龍――『13歳のハローワーク』とゆとり教育

キーワードは好奇心

村上龍氏の『13歳のハローワーク』（幻冬舎）がよく売れている。二〇〇四年度の年間のベストセラーの六位につけている。中学の一、二年生の段階で一人ひとりが自己の好奇心を探りあて、そこから職業への見通しを持つことが大切だと考えて、この本を作成したようである。村上氏は「はじめに」と「おわりに」といくつかのエッセイを書き、内容は幻冬舎のスタッフが調べて書いている。1　自然と科学に関係する職業、2　アートと表現に関係する職業、3　スポーツと遊びに関係する職業、4　旅と外国に関係する職業、5　生活と社会に関係する職業、6　何も好きなことがないとがっかりした子のための特別編、P.S.明日のための予習　13歳が20歳になるころには、という構成になっており、「花や植物が好き」のところを読めば、花と植物に関するさまざまな職業について説明されている。なお、私はこの本を買うまえに近くの図書館で借りようとしたら、「三冊買ったが予約者が百数十名いるので一年後でも無理でしょう」という回答を得た。年間ベストセラー六位で図書館で読む人も多数いるから、まさに社会現象として『13歳のハローワーク』は日本中を席巻している。本の帯にはこうある。"いい学校を出て、いい会社に入れば安心"という時代は終わりました。好きで好きでしょうがないことを職業として考えてみませんか？　花、動物、スポーツ、工作、テレビ、映画、音楽、おしゃれ、料理……いろいろな「好き」を入り口に514種の職業を紹介"とある。体裁と印象はメルヘンチックで少女趣味的である。夢を現実の夢に接合できるはずという確信によって貫かれている。文科省がこの十年ぐらい言ってきた「自分探し」の職業版という感じだ。私は、自分で自分を探しても自分は見つからなかろうと思う。本当の完璧な自分がどこかにあると設定されているからである。いつでも不満でものたりない自分を発見して、さらに内部へ内部へと入り込もうとするのではなかろうか（オウムの若者たちのように）。自分は今の自分から「選んで」、自ら「つくり上げよう」とするものであり、自ら選んでつくり上げたことの責任を取ろうとする営みのなかで、ある程度確定されてくるものであろう。ある断念なしに自己とは出会えない。

『13歳のハローワーク』のキーワードは「好奇心」である。村上氏は「はじめに」で13歳前後の「好奇心」を生きのびさせ、その対象を探すことを訴えている。「はじめに」の最初にこうある。〈13歳、あるいはその前後の年齢の子どもたちにとって大切なことは、好奇心を失わず、できれば好奇心の対象を探すことです。わたしは中学生の頃、クラスの和を乱すとか、学校の指導に従わないと殴られてばかりいました。教師や大人たちの指示や命令に、単純に従うことが嫌いだったのです。単に従うのではなく、自分で考えてみて、その上で不公平・不合理だと思ったことは、先生にも周囲の大人たちにもそう主張しました。それで、叱られてばかりいました。しかし、自分でものごとを考えるという姿勢のおかげで、教師や大人にだまされることなく、大切な好奇心を失わずにすみました〉。

教育改革との類似点

この『13歳のハローワーク』は、旧文部省の「教育改革」構想によく似ている。強い既視感を覚える。したがって、ものすごくよいものか、ものすごく駄目なもののどちらかである。書かれていることがもし現実のものになり、現実的な力を持てば「ものすごくよいもの」になるが、実際に人々の現実と接するとマイナスに転化してしまうのではないか。たとえば、「教育改革」の目玉のひとつの「総合的な学習」も、子ども（生徒）が自ら好奇心を持ったテーマを見つけ出し、それを自らのペースに合わせて教科を超えて学ぼうというものである。教師はそのプロセスを「支援」することになっている。そうすれば上から一斉に与えられたものではない学習のテーマとなり、本当に自ら学習できるという発想である。もちろん文科省はすべての教科や学習をそうしようとしているわけではない。教科学習の一部をそれにあてようというわけである。村上氏は〈子どもは誰でも好奇心を持っています。好奇心は、大人になって一人で生きていくためのスキル（専門的な技術）や、そのための訓練をする上で、非常に重要になります〉と述べて、好奇心が対象を発見し、それが職業選択につながることが子どもたちの人間的な自立や学習を助けることになると考えている。つまり、文科省が子ども（生徒）に好きなテーマを発見させて学習の内的モチーフを高めようとしていることに対し、村上氏は好奇心→自分の好きなことから将来の職業をイメージさせ、そのことによってトータルな自己確立に向かわせようという壮大な目標を持っている。

村上氏の狙いが成功すればまさに快挙であり、かなりの数の人たちが読んでいるからもう半ばは成功しているかもしれない。『ハローワーク』と「教育改革」の共通点は、まず子ども（生徒）の一人ひとりの意欲（好奇心）から出発するという姿勢であり、条件を満たしてやれば必ずや子ども（生徒）たちは自ら歩き出すという確信である。村上氏の「好奇心」も、総合的学習の子どもが選ぶ「テーマ」も、すでに発展的、肯定的なものであると考えられている。したがって、子どもたちは自らのやりたいこと、欲望に沿って歩き出せば、その先には必ず自己を発見したり、スキルを身につけて職業的自立ができることになっている。〈大人は、子どもの好奇心を摘まないようにして、さまざまなものを選択肢として子どもに示すだけでいいと思います〉と村上氏は言う。おとなが邪魔したり、阻害したりしなければ子どもは必ず、まともに進んでいくことになっている。

ここでは子どもは村上氏のロマンチックな夢の具現者になっている。「教育改革」もそうだが、子ども（ひと）に対する肯定性ばかりがあって、否定性のひとかけらも見受けられない。こういう話は怪しく、かつ、危ない。あまりにも美しすぎる物語は疑ったほうがいい。だって、好奇心を持つ子どもたちがどういうふうに育てられ、どういう情報を持ち、どう思考を組み立て、いったい何によって動かされているのかという問いや疑いや迷いはいっさいないではないか。それに、ひとというものは好奇心を持つまえに「私は誰か（何か）」という問いを持ってしまう唯一の動物なのではなかろうか。もちろん、自分の好奇心を通じても「私とは何か」という問いは進行するが、そういう「自己への問い」は「私とは何か」の形を取りながら、実は「私たち（人間）とは何か」という問いを含んでいるのである。こういうひとのありようの根源性への配慮を欠いて、好奇心（自分のやりたいこと）だけで人間的自立を語るのは充分ではない。

社会化と個性化

いま私が語っているのは、教育における矛盾した二つの側面としてよく語られる子ども

（生徒）の「社会化」と「個性化」のことである。「社会化」とは社会の枠組みに合う「個」に育て上げることであり、いわば「厳しく」の側面である。「個性化」はその子ども独自の「個」のありようや個性を伸ばしていくことで、「のびのび」にあたる。学校ではのびのび成長しなさいよと指導、統制する矛盾が展開されている。自主的、自立的な人間になりなさいよと（無理矢理）教育している。現場では教師はこの矛盾を使い分けている。それは人間という存在のありようが強いているものだからである。しかし、頭できれいな理屈を立てたい人たちはどちらかに純化したがる。

子どもを社会の基準に合うように「厳しく」訓練・教育しなければならないと主張するのが保守派の人たちであり、子どもをその「個」に応じた個別性、個性に従って「のびのび」育てましょうというのが進歩派である。現場にいる者の立場はその中間である。頭はどちらかの味方をしているのだが、身体性（無意識）が働いてバランスを取っている。

村上氏は「はじめに」で、学校では〈クラスの和を乱すとか、学校の指導に従わないと殴られてばかり〉いて、〈自分で考えてみて、その上で不公平・不合理だと思ったことは、先生にも周囲の大人たちにもそう主張しました。それで、叱られてばかりいました。しかし、自分でものごとを考える姿勢のおかげで、教師や大人にだまされることなく、大切な好奇心を失わずにすみました〉と語る。殴られたり叱られたりしたけれど、教師や大人にだまされずに好奇心を維持し、文学者になることができたと氏は、自己の半生を物語っている。しかし、もし殴られたり叱られたりしなかった場合の「ありえたかもしれない自己」の半生については考えたことがあるのだろうか。叱られたり殴られたりしなかった分だけ、氏の「好奇心」は大きくなり、もっとすごい文学者になっていたのであろうか。あるいは、現在の学校や家庭のように何をしても「個性」としてソフトに受けとめられ、結果として村上少年の正義感や合理主義が放っておかれたらどうなったのであろうか。

つまり、教師やおとなに殴られたり叱られたりしたおかげで、「好奇心」だけによって動かされない社会性を身につけた村上少年になり（「社会化」）、かえって氏の文学的才能を開化させること（「個性化」）ができた可能性があるのである。

村上少年の「好奇心」は、そのときすでに文学者を約束された「好奇心」ではなく、ほかの子どもたち同様「幼児的全能感」の温存されたものにほかならない。それもかなり強烈なものだったであろう。それが社会（「外部」）から叱かれずにそのまま生きのびてしまったらどうなるか。そのひとつのありうべき可能性は神戸の少年Aの事件に象徴されている。実際、村上龍氏は自分と少年Aとの近接点を自ら語っている。少年時代の「全能感」や「好奇心」は叩かれる必要がある。叩かれないと「全能感」や「好奇心」のみが肥大化して成長し、社会性が育たず、「オレ様化」する可能性があるからである。子どもが社会性を身につけるということは、自己の「全能感」を挫折させることにほかならない。

もちろん、「外部」から叩かれたとしても「全能感」が消えてしまうわけではない。おとなの誰でもがみんな「全能感」を隠し持っている。「全能感」は私たちの持つ「私が私であること」（「この私」）の根拠であるからである。「この私」を核としない近代的自己（「私」）はありえない。おとなとしての資格のひとつは、「全能感」を抑制できることであろう。そして、「全能感」がうまく志向性を持ち社会化されたものが「好奇心」であるとも考えられるのである。だから、「全能感」ではなく「好奇心」を持つとは、すでにその「個」がかなり「社会化」された人になっているということである。村上氏は己れの「社会化」の側面には関心がないようである。つまり、氏にはひとの「社会化」を土台とする「好奇心」（「個性化」）の発現という視点がない。『ハローワーク』で「好奇心」を持ちあげることは、実は子どもたちの「全能感」を温存してしまうことにつながりかねない。

もちろん、誰もが殴られたり叱られたりすることによって、社会的自己をつくれるわけではない。村上少年は教師やおとなたちに殴られたり、叱られたりすることによって、本当に叩かれたのである。本当に叩かれたとは、親や教師やおとなたちやらの「外」の価値観を内面化して、「超自我」を構成することができたということである。もとより、村上少年も「超自我」を構成しようとして、教師やおとなたちに喧嘩をふっかけたわけではない。〈教師や大人たちの指示や命令に、単純に従うことが嫌いだったから〉屁理屈を言って、教師やおとなと「等価交換」に持ち込もうとしたのである。〈自分で考えてみて、その上で不公平・不合理だと思ったことは、先生にも周囲の大人たちにもそう主張しました〉とはそういうことである。村上氏が少年の頃の日本は「産業社会的」段階であり、まだ子どもの人権を認めて、同じ目線で話し合いましょうなどという、「市民社会的尊厳観」は定着していなかった。

それに氏の生まれ育った九州は「共同体的尊厳観」のいまだに強いところであり、「男」とか「おとな」とかが力を持つような風土である。それが村上氏に大いに幸いした。村上少年が「等価交換」を求めて自己主張しても、教師と生徒、おとなと子どもの関係は「贈与」だとあっさりいなされて「殴られたり叱られたり」した。これは村上少年のみならず日本の文化のためにも大いに幸いした。彼のまわりにしっかり立ちふさがる壁がなく、彼の屁理屈がまかりとおって、彼の「全能感」が温存されていたら、軟弱な腑抜けの文学好きがひとり誕生しただけであったかもしれない。教師やおとなたちの共同体的な規範意識や倫理感によって統制されたからこそ、村上氏は際立つ個性や文学的な感性を練り上げ、生きのびさせる術《すべ》を身につけたのである。つまり、「好奇心」が生きのび、それが実現されるためには、まず社会性を持った「個」が打ち立てられねばならないのだ。

村上少年の成功を普遍化しうるか

だから、〈自分でものごとを考えるという姿勢のおかげで、教師や大人にだまされることなく、大切な好奇心を失わずにすみました〉という一文は、子どもが読むには適切な表現とは言えない。教師やおとなは、子どもの「等価交換」の相手ではないからである。だましだまされる対象とは言えない。〈教師や大人にだまされることなく、大切な好奇心を失わずにすみました〉は軽口としてならわかる。しかし、この『ハローワーク』は十三歳の少年や少女やその親たちを対象にして書かれたものであろう。村上氏の影響力から言っても充分心しなければならないはずである。これがたとえば文学的才能をどう維持し、発現させていくかといったカルチャースクールかなにかの講義だったらわかる。だが、この『13歳のハローワーク』は〈あなたの好奇心の対象は、いつか具体的な仕事・職業に結びつき、そしてそれが果てしなく広い世界への「入り口」となる〉ことを目的として書かれている。文学セクションの議論ではなく、人間セクション、人生セクションの議論として設定されている。

まず〈自分でものごとを考えるという姿勢のおかげ〉がいただけない。これは「おとなの世界に対して反抗的であったおかげ」と言い替えるべきであろう。誰でもみんな〈自分でものごとを考え〉ているからである。たくさんよく考える人と、あまり考えない人はいるだろう。だが、〈自分でものごとを考え〉ない人はいない。はたから見てあまり考えていないように見えても、みんなそれぞれに考えている。人の言葉を聞いたり、新しい事態が提起されればみんな考えるのである。ただ、それを表現する人と表現しない人がいるし、行動にまで移す人と移さない人の差があるだけである。村上氏が少年であった頃も、現在も、子どもたちはみんな〈自分でものごとを考え〉ている。それがありきたりの世間的なものであったり、村上氏のように独創的であったりするのは、違う次元の話である。

次に〈教師や大人にだまされることなく〉についてだが、こう表現したい気持ちはよくわかる。私は村上氏のひとまわり上の年齢だが、教師やおとなたちの包囲網のなかでいかにして「私独自の私」を生きのびさせるか苦労した。「おまえはこうだ」とおとなから提示される私と、私の考えている「私」はいつも違っていた。もちろん、村上氏ほどの強烈な個性はなかったので〈教師や大人にだまされ〉ないようにとまでは考えなかったが、おとなたちの世界との違和はずっと持ち続けてきたし、笑われるかもしれないがその違和は現在もある。しかし、〈教師や大人にだまされることなく、大切な好奇心を失わずにすみました〉ということになると、村上少年は変革されないままでおとなになったように聞こえる。子どもは変革されないほうがいいと言っているように聞こえる。子どもはおとなに変革されないで子どものままでいるのがいい、子どもはすでに完成された存在だと言っているように聞こえる。村上氏の場合、たまたま「うまくいったこと」が、どの少年・少女にも適用される普遍性があるものと判断されてしまう。

村上氏がもし本当に〈教師や大人にだまされることなく、大切な好奇心を失わ〉なかったと信じているのなら、実は氏は「だまされた」のである。だまされまいと身構えていて、うまくだまされたのである。氏がだまされなかったと思っているのは、村上少年と教師や周囲のおとなたちとの関係が「等価交換」であったと考えているからである。考えや考え方の対等なやりとりをしたと思っているからである。しかし、村上少年の教師や周囲のおとなたち（当然、ご両親もここに入っていよう）が彼と対等な「商取引」をしたかどうかはわからない。「贈与」の高い位置にいて、彼をあたたかく同時に厳しく見守るという教育的位置にいたかもしれない。ただ、村上少年は当然そのことに気づいていない（そして、小説家村上龍氏も）。でも、「贈与」の位置からの「叱る」とか「殴る」とかは、その子の否定をしているのではない。ましてや、だまそうとしているのでもない。五分と五分で「等価交換」をしているのなら、「叱る」や「殴る」は単なる否定の表現であろう。「贈与」の位置からの「叱る」や「殴る」はあたたかく育てているのである。村上少年は教師やおとなたちにうまく「だまされた」可能性が高い。

子どもは子どものままでおとなになるわけではない。子どものままでおとなになっている人もいないではないが、それが多数派になれば非常に困ったことになろう。子どもはおとなに一度「屈服する」（「去勢」される）ことなしにおとなにはなれないし、おとなを精神的に「殺す」（フロイトの「父殺し」[32]）ことなしに自立できない。村上氏はこのプロセスをうまく通過している。まわりのおとな（とりわけ、親）が、しかるべく「贈与」の位置にいたからであろう。氏が〈大切な好奇心を失わ〉なかったのは〈教師や大人にだまされ〉なかったからではなく、また、〈自分でものごとを考えるという姿勢のおかげ〉でもない。こういう子どもへのメッセージはとりあえず子どもたちを元気づけるかもしれないが、本当に影響力を持っていたら少し危険である。文学者のメッセージは、子どもたちの「自我」ではなく「主体」に届くものでなければならない。氏の子どもから現在までを、どの子どもにも適用できる必然的な流れと位置づけ、それをモデルとして子どもの成長を典型化するのは危険である。さまざまな偶然の助けなしに、村上少年は小説家および「健全な」市民にはなれなかったはずであり、〈自分でものごとを考える姿勢〉すら（本当は）持てなかったかもしれないのである。

子どもは一個の「世界」である

中学の一、二年生から自分の「好奇心」を発見し、その対象を探し、それを職業選択につなげていこうというのはひとつの卓抜したアイデアである。一人ひとりの利益につながっているからである。もちろん、教師たちも子ども（生徒）たちを自覚的に勉強させるために目的意識を持たせるということをずっと考えてきた。しかし、学校で教師が露骨に職業選択などを子ども（生徒）たちの勉強のモチーフとして口にしないのは、職業より先に近代社会にふさわしい市民（「個」）の育成（「社会化」）が公教育の土台としてあると考えているからなのであろう。どのような職業や生き方をめざそうとも、共通に身につけるべき知識や教養や道徳があるということである。「社会化」を通じてそれぞれの個性が明らかになり、その個性を生かしていくのが「個性化」であると捉えていよう。それに「教育基本法」の第一条（教育の目的）に〈教育は、人格の完成をめざし〉とあり、「社会化」「個性化」という要素のまえに大前提として「人格の完成をめざし」という無限に近い目標が設定されている。軽々に職業選択という動機を振り回すわけにはいかない。

また教師は、子ども（生徒）たちの学習や自己形成へ向かう力は目に見える獲得目標によって必ずしも喚起されるものではないことを経験的に知っている。目標がはっきりすれば子どもたちが勉強するようになるというのは近代の迷信である。もちろん、そうできる子どももいるし、「よくがんばったね」と褒められれば、「目標があったから」と答えるであろう。でも、目標があってもどうしてもがんばれないという子どももいる。きっと、そういうとき「本当に内面化された（自分で選んだ）目標ではなかったから」などと解釈されるのであろう。「自我」の確かさが疑われないからである。子ども(生徒)はみんな「勉強しなければならない」「勉強したほうがいい」ことを知っている。子どもたちの「自我」はそのことをよく知っているが、身体(自己の本体)がなかなか動かない。「自我」は子ども(ひと)を動かす「主体」ではないからである。「自我」が「主体」(ひとの本体)だったら教育はとても簡単になるが、世の中はとても危険になる。誰かを「殺したい」と「自我」が思ったときに殺すからである(ふつうは「自我」がそう思っても、別の何かが止めるのである)。

子ども(ひと)はそれぞれ一個の「世界」(コスモス)であり、単なるラーニングマシーン(学ぶために生まれた者)ではない。「外」(世界やまわりの人)と「内」(「主体」)とのバランスで動いている。「外」が一方的に動かすものでも、「内」だけで動くものでもない。子どもが勉強することは、そんなに簡単なことではない。言葉を身につけることも、「知」を受け入れていくことも、「内」を「外」に合わせることである。「外」を受け入れていくことである。これ自体が「内」にとっては一種の屈服であり、自己の否定である。「知」を受け入れるということは、自己を改造していくことでもある。これは「自我」にとってはひとつの危機である。「自我」は自ら自己を動かしていると思っているからである。自らのコントロール下に入らないものはあまり受けつけようとしないはずである。

自己を限定するということ

私たちが「何か」をめざしてがんばったり、努力したりしているとき、その「何か」を確定しているのは私たちの「自我」であり、意識である。だから、表面的には目に見える目標があって動いているように見える。「自我」が自己をコントロールしているように見える。でも、本当に人を動かしているのは「自我」ではなく別の「何か」であることを私たちは経験的に知っている。自分が「思ったとおりに」動けないことを知っている。私たちは「自我」のコントロールしている世界だけで動いているわけではない。「自我」がこうしたいと思っても、必ずしもそうするわけではないし、「自我」の思うこと、したいこと、見ていること、位置づけていることを眺めていて、そこから「判断」を下している超「自我」がいることを知っている。結局、勉強にしろ、「好奇心」を実現するにしろ、自己が自己変革を求めて動きだすには、自己を超えようとする欲望が必要であろう。

自己に充足している者は、自己を超えようとはしない。自己を超えようとする者は、自己の欠如を覚知している者であろう。自己の存在欠如（不完全さ）を知り、それを自らのものとして引き受け、その欠如を埋めようとして走りだす者が自己の変革、つまり自己の実現に到達する可能性を持つ。実際、受験勉強をする生徒たちを眺めていると、頭の良い悪いはありながら、「馬力」のある生徒が伸びていく。どこの大学をめざしているかはあまり関係なく、とにかく「馬力」のある子がどんどん伸びていく。大学へ行っても専門としても伸びていくだろうなという予測がつく。では、その「馬力」が何かと聞かれてもうまく説明できない。その生徒の内部で、己れの存在の根源的な欠如（喪失）を埋めようとする欲望が働いているのだろうな、と考えるしかない。本人にもわからないはずである。

教育（論）は考え方として「無意識」という「主体」を排除してしまっているが、現実の教育の営みは「無意識」を排除しては成り立たない。間抜けな教師は子ども（生徒）が「自我」で動いていると考えるが、真面《まとも》な教師は子ども（生徒）が「自我」のみで動いているわけではないことを知っている。間抜けな教師は子どもの「自我」に働きかけようとして多言を費やすが、真面な教師は寡言であり、子どもたちの「自我」の同意を求めない。間抜けな教師は子どもたちの利害（成績や進路）に関することをよく語りたがるが、真面な教師は教師としての自分が子どもたちに求めることだけを語る。間抜けな教師は子どもが「知」へ向かうのは水平的な移動だと思っているが、真面な教師は垂直的な移動ないしは必死の跳躍であることを知っている。間抜けな教師は子どもの「自我」に話しかけるが、真面な教師は子どもの「自我」を通して彼（彼女）の「主体」に届かせたいと願う。つまり、間抜けな教師は「私」は教師だと思っているが、真面な教師は「私」と「教師である私」は違うものであることを知っている。だから、間抜けな教師は、自分の思うように子ども（生徒）がなることが教育だと思っているが、真面な教師は、子どもが自分の思うようにならないことを知っているのである。

もちろん、子ども（ひと）も自分の思うようにはならない。「思っている」のは「現在」であり、「自我」であるからである。「主体」はつねにその先にある。子どもの「自我」は「現在」だが、子どもたちの「主体」は永遠の「成長」のプロセスにある。思ったようにならないことこそ「正常」であり、「健康」である。そう思うべきであり、そう教えるべきである。「自我」がそう思ったことは必ず変化してしまう。したがって、教師も「自我」の位置で語るべきではない。教師は子ども（生徒）の「自我」と同じ平面に立つ（「等価交換」をする）のではなく、超越的な「贈与」の教育的位置に立つべきである。それがどんなに危険な様相をもたらそうとも、そうでなければならない。そのうえで、子ども（生徒）たちが決して「こちら」の予想した形にはならないこと、ましてや、決して相似形にはならないことを承知していればいいのである。教育とはそういうものである。

もちろん、『13歳のハローワーク』は教育書ではないが、「好奇心」の固定化や絶対化、さらに、〈仕事は辛いものだ、みなさんはそう思っていませんか。それは間違いです〉や〈その人に向いた仕事、その人にぴったりの仕事というのは、誰にでもあるのです〉は教育的観点から言えば危険である。何よりも、子どもの「自我」（「現在」）を絶対化するからであり、

「自我」を変わらない子ども（人）の中心軸と見ているからである。それより「自我」（「現在」）なんぞはころころ変わっていくものであり、その数あるなかから好きなものを選ぼうと考えたほうがずっと健康的で現実的である。「自我」は無限の可能性を求める傾向がある。そういう「自我」に振りまわされずに、自己を限定する力こそ大切である。

『13歳のハローワーク』の真意を、もし子ども・若者たちが読み取り、それを内面化したら、子ども（若者）たちはエクソダス（脱出）へ向かうのではなく、ディアスポラ（放浪）への傾きをますます深めることは確実である。

（十三）水谷修——夜回り先生は「教師」ではない

薬物依存、性的虐待……

『夜回り先生』（サンクチュアリ出版）の水谷修氏の写真を見て、これは虚無の顔だと思った。虚無と言っても世にいうニヒルという意味ではない。ひとの根源的な孤独のことである。日本の役者で虚無の表情を湛えられる人は一、二を数えるのみである。日本の近代の「個」の歴史がまだ浅いからだと思ってきた。しかし、ここに虚無を湛えて現実を生きている人がいる。己れも他人《ひと》も信じたいと思っているが信じていない顔であり、信じてはいないが他人《ひと》を信じることに賭けている顔である。信じることに賭けるためには、己れの命を何とも思っていない人の顔である。これはすでに教師ではない。氏が子どもたちに〈いいんだよ。昨日までのことは、みんないいんだよ〉とつぶやく声は何よりも氏自身に向けられている。子どもの「自我」に直接向けられたものでなく、氏自身に向けられている。それゆえに「こうなってしまった」子どもたちの心に届く可能性を持つ。しかし、誤解に恐れずに言えば、これはすごい教師の物語ではない。ありうべき教師としての煮つめられた姿が水谷氏にあるのではない。水谷氏は職業から「夜回り先生」と呼ばれているが、[33] 氏の真の姿は街に現れた聖者なのであり、「神」なき「神」の代理人である。氏が心配している子ども（若者）たちは、氏の（学校の）生徒ではない。

水谷氏は昼の街（市民社会）から排除されて夜の街をさまよう子ども（若者）たちにつきまとい、話しかけ、寄りそい、施設や病院に入れたりするが、決して教師のように「私がこうした」から「子どもがこうなった」とは思わないし語らない。子ども（若者）が悲劇的な結末を迎えた場合だけ、「こうした」から「こうなった」と自責する。水谷氏が出会う子ども（若者）たちは、暴力的な親や絶対的貧困や薬物や暴力団や暴走族で「こうなってしまった」子ども（若者）たちである。十数件の「こうなってしまった」ケースについて語られているが、一、二を除いて子ども（若者）たちが自ら選んで意志的に「そうなった」例はない。ほとんど昼間の市民社会から物理的に排除された子ども（若者）たちである。ボロボロの六畳のアパートに母と住むシンナー中毒のマサフミ。父親と二人暮らしで性的暴行を受け続けている薬物依存の少女。そして母を早く亡くし、父に捨てられ、喘息の持病を持ち薬物に漬かっている少年など、市民社会の裏にあるもうひとつの日本の悲惨さに翻弄されて、生き死にする少年や少女たちがそこにいる。

『夜回り先生』で水谷氏が出会うのは、市民社会の「個」のありようである「私」を回避して「この私」に閉じ籠もろうとする「消費社会期」の子ども（若者）たちではない。市民社会から市民の一般形としての「私」（としての生き方）を拒絶されて、脱出しようもなく押しつけられた「この私」の悲惨を生きるしかない少年や少女たちである。この子たちが「社会化」できなかったのは、まったく彼らのせいではない。彼らをとりまく状況がこの子たちから「社会化」を奪い、悲惨な運命をあたかも「個性化」でもあるかのように彼らにもたらした。水谷氏の使命（ミッション）は、彼らを市民としての「私」の生き方に引き上げることである。そのためには、まずこの子たち自身が動きださなくてはならない。市民社会内部で「こうなってしまった」子ども（若者）も大変だが、市民社会からはじきだされて「こうなってしまった」子ども（若者）たちはもっと大変である。

無償の贈与

「こうなってしまった」子ども（若者）たちには、ほとんど言葉は無力である。言葉は市民社会の（正しい）価値を体現している。言葉そのものが彼らをさらに傷つける。市民社会そのものが彼らの敵である。しかし、市民社会に復帰（屈服）することなしに、彼らは自らの生命を生きながらえさせることはできない。水谷氏の虚無の根拠のひとつはここにある。これはもはや教育ではなく、「神」による救済のような営みなのである。だが、「神」による救済は「神」の恩寵の現れとともに事は解決するが、人による救済はそんなに簡単にはいかない。子ども（若者）たちも「自我」を持つ人であり、自分の物語を持っている。救済の声を聞くと同時に自分を無化して、それに跳びつくわけではない。「自我」が自ら救済を受け入れ、自分を変革しようと思わねばならない。これは非常に困難である。だから、水谷氏は〈生きてくれさえすれば、それでいいんだよ〉とつぶやく。いわゆる更生は不可能に近く、立ち直りは僥倖である。

水谷氏は二重性を持って、子ども（若者）たちのそばに佇んだり座り込んだりする。ひとつは「共感」であり、もうひとつは「市民的価値」（まともな生活のイメージ）である。「共感」は教育的に言えば「のびのび」であり、「市民的価値」は「厳しく」である。もちろん、氏は教師としてそうしているわけではない。氏は〈私にとっては「夜回り」が生きがいだ。「夜回り」をしないと、私は生きていけない。理由を聞かれると、いつも口ではこう答える。「子どもたちが心配だから」。でも本当は違う。私はいつも子どもとの出会いを求めている。私も寂しいからだ〉。この姿勢は教師のものではない。逆に、氏の言葉や行為を教師のものに封じ込めてはいけない。これは、子どもを救済しようとすることが、自らの救済につながると語っている。すでに〈私も寂しいからだ〉は「神」のつぶやきに近い。子どもが寂しいかぎり、水谷氏はずっと寂しいからだ。

子ども（若者）たちへの「共感」はいわば反市民社会的気分であり、「市民的価値」は市民社会性そのものである。市民的価値は学校では前面に立っているが、「こうなってしまった」子ども（たち）には通用するはずがない。水谷氏はそっと彼の横に座り、「どっか行けよ」とにらみつけられても、「やだよ」と言って一晩中座り続けて話をし、車で家まで送ったりする。しかし、誤解してはいけない。水谷氏は彼らのありのままのすべてを受け入れているわけではない。〈シンナーをやめるように説得〉し、父親から性的暴行を受けている少女を児童相談所に入れ、父親を警察に訴えるように説得する。暴走族から脱けさせようとし、警察に自首させ、施設に入れ、何とかまともな生活に復帰させようとする。「市民的価値」を決して手から離さない。だから、子ども（若者）たちの言い分（「自我」の弁明）を全部受け入れているわけではない。彼らの「主体」の発すべき声を、代わりに彼らにささやきかけているのである。やりとりは子どもにとってソフトに見えても、中身はとっても硬質なのである。

これほど外的条件によって内的にも「ねじくれてしまった」子ども（若者）たちを「更生」させるには、同じ目線の「等価交換」で通じあおうとしても無駄である。水谷氏のしているように、「神」に近い絶対的に無限の「贈与」に近い位置に立たなくてはならない。水谷氏は何度裏切られても〈昨日までのことは、みんないいんだよ〉〈よし、また一からやり直そう〉と彼らに向き合っていく。彼らの「自我」と同じ位置に立たない。無償の「贈与」を繰り返す。しかし、水谷氏の対面する子ども（若者）たちは、自ら一時的に「市民的価値」からはずれたのではなく、市民社会からまるで棄民のように捨てられたのである。そして、棄民は生み出され続けるのだ。自分が「立ち直って」も、どうしても外的条件が整わない。帰るべき家庭や地域がない。自分で家庭や地域をつくるしかない。水谷氏の虚無は深い。

本の情報誌『ダ・ヴィンチ』二〇〇四年十二月号に、「ヒットの秘密」と題して水谷氏のインタビューが載っている。〈『夜回り先生』を出版してから、先生のもとへ届いた子どもたちからの相談メールは、現在までに4万1000通（10月15日取材日時点）。そのうちの8割が、何回かのメールや電話で〝卒業〟していくという。なぜそんなにも早く〝卒業〟していけるのか〉という問いに対して、水谷氏は〈心を病んでいる子どもたちはね、非常に自分と他の子とを比べるんです。そして比べることで救われている。〝この子に比べたら、私はまだ幸せなんだ〟ってね〉と答えている。記事はこう続く。〈多くの子どもたちとのやりとりの中で、水谷先生は彼らが『夜回り先生』に登場する子どもたちと自分とを比べ〝自分のほうがまだいい、まだ幸せだ〟と感じていることに気付いたという。部屋に閉じこもりひと晩中泣き続ける子、どうしようもない自殺願望の中で手首を切りつける子……そんな痛々しい子どもたちが、他者と自分との〝哀しみ〟の度合いを測ることに救いを見出している。その現実を聞き、一瞬、息が詰まった。

多かれ少なかれ「心を病んでいる」子どもたちは、他人《ひと》と自分を比べることができない、あるいは、比べ（られ）ないから「病んでいる」のだと思う。「この私」の独自の悲痛に打ちのめされている。「もうひとつの私」や「この次の私」がイメージできればいいが、それができない。実際、水谷氏のところへメールしてくる子ども（若者）の八割は、数回のやりとりで「卒業」していくという。よく納得できる。「心を病んでいる」子は「この私」のどうしようもない悲痛に打ちのめされている。その子たちにとって、自分の不幸や悲惨さは、絶対的な極限のように映じている。もし、彼または彼女が「この私」から脱出して「私」になりさえすれば、あちこちに別の「私」が、あの「私」やこの「私」がどう生きているかが見えてくる。それが見えてきさえすれば、「この私」の悲痛もほかの「私」たちと同じ悲痛であることがわかってくる。それがわかってくれれば、彼（彼女）は「この私」を脱けているのである。きっと、メールしてくる子ども（若者）たちは、『夜回り先生』に書かれている市民社会そのものから排除された子ども（若者）たちの絶対的な悲惨、比べようのない不幸に打たれて市民社会内で右往左往している「この私」の卑小さに気づくのであろう。比較できるようになったとき、彼らはすでに「この私」の囚われから少し離れている。繰り返すが、

「心を病んでいる」子どもが自分と他の子を比べるのではない。比べられないから、「病んでいる」のである。比べはじめるのは、脱けかかっている。自分もほかのみんなも同じ「私」なんだとわかったときに、完全に脱けているのである。

ここに論理はない

実践家の言葉とはつねに詩である。『夜回り先生』も詩の本のような体裁をとっており、水谷氏の語る言葉はすべて詩として構成されている。そこには必ずしも散文のような論理はない。この本は水谷氏の街での実践を表現しており、氏から発せられる啓示がちりばめられているわけではない。氏は〈12年間の夜回り生活を通して私は5000人近い子どもと関わったが、そこには多くの喜びと哀しみがあった。もちろん私と出会ったことがきっかけで、人生をやり直してくれた子どもも数多くいる。しかし逆に、夜の世界へより一層沈み込んでしまった子どもも少なくない。だから私のやっていることは一体正しいのか、間違っているのか、いまだにはっきりとした答えは出てこない。しかし私はどんな子どもに対しても、決して引くことはなく、しっかりと向き合って生きてきた。その自信だけはある〉と語っている。〈私のやっていることは一体正しいのか、間違っているのか、いまだにはっきりとした答えは出てこない〉は、まさしく実践家の真実であり、すでに充分実績を上げている氏の気取りでも謙虚さでもない。そう読む人は縁なき衆生であろう。

この書は教育問題のバイブルでもなければ、青少年問題の絶対正しい処方箋でもない。水谷氏の強引とも言える子どもたちへの対応も、もうひとつの（あるいはもっと別の）ありえたかもしれないケースの捉え方や解決策の可能性を否定していない。そのことを一番よく知っているのは、もちろん水谷氏である。ここでまた誤解を恐れずに言えば、私は教師が水谷氏の真似をすることを恐れる。強く恐れる。このやり方は水谷氏のみに許されたやり方であり、それは何よりも、氏が警察の言う「日本で最も死に近い教師」であることによって担保されている。水谷氏は暴力団や暴走族や当の子ども（若者）に突入するからである。氏が〈私のやっていることは一体正しいのか、間違っているのか、いまだにはっきりとした答えは出てこない〉と告白しながら、それでもあえて「夜回り先生」をやり続ける資格の根拠はそこにある。

これはもはや教育ではない。本書が教育書として読まれることを強く危惧する。

終章　なぜ子どもは変貌し、いかに大人は対処すべきか

「近代」に負けない子どもを育てる

教師をやっていてずっと考えていたのは「近代とは何か」ということである。公教育の教師は「近代」とともに発生し、「近代」の構築のために近代人（国民、市民）の育成の中心にあった。今でも、世界のどこでも、「近代」を立ち上げようとしている国や地域は、まず学校をつくろうとしている。もともとの「近代」を構成する要素は「資本主義」と「国民国家」と「キリスト教文化」である。どこでも普通教育は国民国家が設定している。日本はヨーロッパの「資本主義」と「国民国家」の真似をすることはできたが、「キリスト教」の不在を何によって埋めたかが謎である。もちろん、明治国家が天皇を神格化することによって国家神道をつくり、天皇によってキリスト教の「神」を代補させようとしたことはよく知られている。しかし、日本の神は世界や人を創造したユダヤ教・キリスト教・イスラム教の絶対神（超越神）と異なり、人を超えているものではあるが、世界や人を構成（創世）した源泉ではない。人の意味や価値の源泉ではない。天皇信仰によってキリスト教文化は代補できなかった。別の何かがキリスト教の欠如を埋めていたに違いない。

私がとりわけ日本の「近代」におけるキリスト教文化の不在の意味を考えるようになったのは、本書に展開しているように一九八〇年代中葉から子ども（生徒）たちが「オレ様化」

しはじめたからである。教師が何を言っても親が何を言っても動かされない強い「自立」した子ども（生徒）たちに接したとき、私は「ああ、とうとう日本に近代的自我が確立した」という達成感とはほど遠いシニカルな思いとともに、「神を畏れぬ者どもよ」というキリスト教的な嘆きの気持ちが湧き起こるのを抑えることができなかった。生徒たちは「自立」の客観値からほど遠いところにいた。私という中年の経験ある教師に対して、生徒たちの「個」が拮抗している。対等に向き合っている。その自信と強さはいったいどこから来ているのであろうか。

彼らは「畏れる」ものを持っていない。自ら自己を主張して何ら憚るところもなかった。今までの日本になかった「自立」した「個」の誕生であった。それにしても、彼らの内面の自信に比して、その現れの何たる貧弱なことよ、と思わざるをえなかった。

私にとって教師であるとは、知識を教えることというより、先人として子ども（若者）たちに向き合っているということのほうが大きい。先人としてとは、もちろん文化の優位者としてとか、指導者としてといった気持ちである。教師になりたての「産業社会期」の一九六〇年後半は、彼らに早く「近代」を超えてもらいたいとよく教室で政治的なアジテーションをしていた。その頃の私たちの「近代」とは、アメリカにイメージされる物質的に豊かな社会のことであった。七〇年代に入り、体制がなかなか動かないことがわかると、生徒たちに苛酷で厳しい「近代」に負けないで生き抜ける自立した個人になってほしいと願い、班やクラスや生活や行事を重視する教育実践をした。七〇年代の「近代」は経済が中心で個々人の利益を求める「近代」であった。子ども（生徒）たちが戦後民主主義の夢想した世の中をよくしていく社会（政治）的な主体ではなく、どんどんバラバラの経済的な（私的）主体になっていくのがよくわかった。教育基本法に示されているような国民国家の法的目標(34)の人格からどんどん離れ、市民社会（経済社会）的な「個」になっていった。

八〇年代に入ると完全に「消費社会的」段階になり、生徒はそれまでの生徒ではなくなる。教師と生徒との共同体的なつながりが崩れて、市民社会的（「商品交換」的）な「個」と「個」のつながりのようになる。学校が共同体（国民国家）の統制から離れて、経済社会（市民社会）の支配下に入りはじめる。そのとき子ども（生徒）たちは七〇年代の経済的な主体よりもさらに後退し、ほぼ社会性を脱ぎ捨てて、それぞれの「自己」に閉じこもりはじめたように見えた。戦後民主主義が期待した社会（政治）的な変革の主体でもなく、「産業社会的」な経済的な主体でもなく、ただ「自己」（の主観）そのものの確かさに回帰しはじめたように思われた。「近代」はもはや到達目標であることをやめ、子ども（生徒）の教育（学習＝自己変革）を促すものではなくなった。子どもたちが「近代」から逸脱（逃走）しつつあるように思えた。

そうして、「近代」とは、個人とは、国民（市民）とは何かを問い直さざるをえなくなった。戦後的な教育（啓蒙）の夢が最終的に潰《つい》えたからである。

キリスト教文化と日本の違い

キリスト教が土台を成している西欧近代的に言えば、個人は個人を超える普遍的なもの（絶対的なもの＝「神」）に支えられて（服従して）、その「普遍」（無限）の「個」（ひとつのかけら）となることによって価値がある。つまり、自分が正しいと思っていることは自分がそう思っているから正しいのではなく、自分の「外部」にある超越的なもの（普遍的なもの）と一致しているから正しいのである。自己は自己によって定立されるものではなく、超越的な「外部」との一致の確信によって支えられている。もちろん、今はキリスト教圏でも「神」の直接支配からは離脱しているから、「神」に従うことで「個」を支える人々はどんどん減っており、その代わりに「神」に代わる「真理」や「科学」というような普遍的（と思われる）なものが個人の対極に設定されている。個人が個人として立っているわけではない。

しかし、ここ日本では個人は個人で立っている。個人は個人で価値があるのである。「私」がこう思うことを「もうひとりの私」が疑うという文化はある。だが、「私」が思うことは「外部」の超越的なものと一致しなければならないという感覚はまったくない。一般的におとなたちには、「こう思う」私と「そうじゃないかも」と思う私の二つの要素があるが、八〇年代中葉からの「オレ様化」した子ども（若者）たちには、強い傾向としてひとつの「私」（「この私」）しかいないように見える。西欧的な個人には「神」という超越的なものから垂直的に分離された「個」（A）と、近代になって市民社会の成立とともに政治（社会）の構成者としての水平的、共同的な「個」（B）と、「個」の公共的あり方の裏側にある「私」性（プライバシー）の要素（C）の三つがある。（A）が日本の私たちには欠けていることは誰もが認めるであろう。「神」に代わる代補物で貧弱な（A）を構築し、何とか（B）（C）の二重性を維持してきた日本的に近代的な「個」が、今や（C）の位置にいながら（B）のふりをしていると言ったらいいか。西欧を発信地とする近代的な個人の体裁からかなり遠くなっている。

ところで日本人の貧弱な（A）の要素は、「神」ならぬ何によって代補されていたのだろうか。

神々や天皇や世間や親や教師などが、総合的にキリスト教の「神」の代補をしてきたのであろうか。ただ日本の神々も天皇もそれ自体に価値があるのではなく、人が「そう認知する」ことによって一定の超越性が保証されているものにすぎず、ユダヤ教・キリスト教・イスラム教の「神」の絶対性はまったくない。また、世間や親や教師の上位性が相対的であることは言うまでもない。本人がその権威を認めなければそれっきりで、「個」を相対化したり、脅かすものではない。本人がそっぽを向いてしまえば視《み》えなくなってしまう。そうして、神々も天皇も世間も親も教師も、経済の発展にともないどんどん後景に退いていった。今や「神」を代補した貧弱な（A）の要素自体がほぼ消失したといってよかろう。そして、（B）の市民としての公共的なあり方を、（C）の位置でやりくりしているように見える「オレ様化」した子ども（若者）たち。

西欧における市民（国民）形成には、「学校」と「教会」とがかかわった。歴史的には、普通学校はイギリスにおいて教会の日曜学校が独立したものである。したがって、近代的な国民（市民）形成には、「魂」（倫理）の要素と「知」の要素との二つが含まれているはずである。では、日本で西欧におけるキリスト教的な要素をどこが代補したかと言えば、学校しかない。だから、日本の学校において教師が聖職化したことには理由がある。学校が教会の要素を採り入れざるをえなかった。もちろん、フランスなどでは近代公教育はキリスト教からの独立を意味したわけだから、宗教性の排除が大きな柱となっているが、アメリカやドイツやイギリスなどではそれほど神経質ではなく、「魂」の問題は教会にまかせつつも学校に宗教的要素がかなり入っているようである。明治、大正、昭和を通じてキリスト教の牧師的な要素が日本の教師に採り入れられ、聖職化したのは、ローカルな天皇制のせいではなく、近代市民を形成するうえでのグローバリズム（西欧的普遍性）が働いたからであろう。

日本の学校が教会的要素を持ったということは、国民国家の政策としてそうなってきたということではない。学校文化の展開のなかで自然にそうなってきたと考えたほうが正解に近い。「神」の代理人はキリスト教でも神父や牧師という個別的な人の形をとっている。日本の場合はキリスト教を欠いているために学校の教師にその役割が期待され、教師が知的専門家であるよりは知的専門家プラス「魂」の導き手のような性格を持つようになっていった。それと同時進行的に、日本の学校には西欧の学校にはないような要素がつけ加わっていった。広い意味での「生活指導」と「教科以外の教育活動」である。クラスの生活の構築や班活動、清掃や部活動、行事や儀式などである。こういうものがキリスト教の教会の活動を代補するような形で、子ども（生徒）たちの人間形成にかかわるものとして重視され、構築されていったのである。「神」ではなく集団生活や共同作業、スポーツ・文化活動などが日本人の倫理性を育んでいったのだ。

そして、日本の学校は、ただ「知識を学ぶところ」というよりは、「人間として成長する場」と認知されるようになっていった。

グローバル化の中の子どもたち

国民国家的な「個」（国民、市民）が崩れつつあるのは、もちろん日本だけの現象ではない。どの先進国でも、教育（学校）は年を追って不安定になってきている。グローバルな経済システムが国民国家の枠組みや文化を揺るがしているからである。資本や技術や人材が国境を越えてグローバルに動いており、経済システムが動いているレベルと、国民国家の動きのレベルとが大きくズレてきている。

十九世紀に「資本は一方で搾取しつつ、その国を文明化していく」[35]と言われたが、当然資本の動きのほうが国家の動きより強力である。資本は国民国家の内部では安住できない。十九世紀にはそれぞれの国の中世を解体して近代国家に向かわせた資本の力が、いまや近代国家（国民国家）を揺すぶって不安定、不確定にさせている。資本（経済）の要求している人間像が、国民国家（政治、社会）の期待している人間像と、大きく食い違いだしたと言ったらいいだろう。

八〇年代に「新しい子どもたち」を生みだした根源の力も、グローバルな経済システムによるものであろう。日本の欠点は、「グローバリズム」が自然に働いてきてそうなるだけでなく、政治を動かす人々や政策をつくる人たちが自らそれに積極的に乗ってしまうことである。西欧に追いつこうという後進国コンプレックスである。中曽根康弘首相（当時）のつくった一九八四（昭和五十九）年から始まる「臨時教育審議会」は「第三の教育改革」を呼号し、結局、旧文部省の進めた「教育改革」に引き継がれた。もちろん、「第一の教育改革」が明治期の普通教育の開始であり、「第二の教育改革」が敗戦後のアメリカ占領軍による新教育である。明治期の「開国」にならい、敗戦時の改革も「第二の開国」と言われた。「第三の教育改革」も「第三の開国」による日本社会の最終的な近代化のようにイメージされていたのである。したがって、教育もグローバル・スタンダードたるアメリカ的範例によって変えようということになり、日本独自の「生活指導」や「教科外の教育活動」は、縮小ないし解消の方向性が出されたことは言うまでもない（ただし、実態がすぐそうなっているわけではない。教師ががんばって守り抜いている）。

国境を越えているグローバルな経済システムの順接に沿って教育システムを変えようとしているのは、日本ぐらいではないか。もっと先の「本当の」近代まで突っ走らなければならないという後発先進国特有のトラウマが働いているのであろう。

グローバルな経済システムは国民国家や国民（近代的市民）のありようを揺るがすだけではなく、教育という営みや教育という場そのものを「市場化」する力としても働いている。教育を国民国家（共同体）の占有から解き放って「市場化」しようとしている。「新しい子どもたち」をつくりあげている情報メディアや商品経済も、まさに経済の合理性を求めるグローバルな経済システムと同じ力によって動かされているに違いない。私たちは本当に国家より経済のほうが、共同体より市場のほうがいいものなのか、進んでいるものなのかを疑う地点に到達しているのではなかろうか。

子ども・若者問題を考えるうえで大切なことは、子どもたちは教育の内部で育っているのではないということである。教育の内部とは、今まで私たちが想定してきた子どもたちの成育、成長の場のことである。家庭・地域・学校の三層構造のことである。つまり、国民国家が教育を動かしていると考えたときの教育の内部である。学力が低下したと言えば、すぐに教師の教え方が悪いとか、「ゆとり教育」でダメになったとか、教える量が減ったからと考える発想方法のことである。同じように、子ども（若者）たちが生活態度が悪くなった、凶悪犯罪が増えていると言えば、家庭での「しつけ」や地域の教育力の不在を語るというような、そういう語り方のことである。こういう語り方はせいぜい一九七〇（昭和四十五）年あたりの「産業社会期」ぐらいまでは有効であった。国民国家（政治）の力が経済や市民社会の力をしのいでいた近代前期の話である。

私たちは、生活のすみからすみまでお金が入り込んでいる生活を、初めて経験している。朝から夜まで「情報メディア」から情報が入ってくる生活も初めてである。お金がお金を生みだす経済の運動のなかに完全に巻き込まれている。子どもたちが早くから「自立」（一人前）の感覚を身につけるのも、そういう経済のサイクルのなかに入り込み「消費主体」としての確信を持つからであろう。子どもたちは今や経済システムから直接メッセージを受け取っている（教育されている）。学校が「近代」を教えようとして「生活主体」や「労働主体」としての自立の意味を説くまえに、すでに子どもたちは立派な「消費主体」としての自己を確立している。すでに経済的な主体であるのに、学校へ入って教育の「客体」にされることは、子どもたちにまったく不本意なことであろう。子どもたちにとって、「学ぶこと」が困難な時代に入ったのである。極端に言うと、家庭（の親たち）に教養や文化力があって子どもを「消費主体」の自信を持たせると危険であることを知っていて、なおかつ、人が生きるということは単に経済的な自立を意味するわけではないということを「教える」ことのできる家の子どもたちは、「学び」に向かっていける。家にそういう「文化資本」[36]のない子ども（若者）たちは、経済にただ翻弄されるだけである。もちろん、ここでの「教える」とは、すべての「教える」と同様に、必ずしも「言葉で教える」ことではない。教えると言うと、すぐに言葉を想像してしまう人は、あまりにも深く教育の内部に囚われている。

教育内部の問題なのか

子ども（若者）たちが「こうなってしまった」ことは単純に教育内部の問題ではないが、

子ども（若者）たちを「こうしよう」、あるいは、「こうならないようにしよう」とするならば、教育内部で論じるしかない。「産業社会期」までの日本の教育は、国民国家レベルの政治・経済・文化と連動していたが、いまやグローバルな経済システムの動きに規定された政治・経済・文化によって動かされている。これは資本に固有の「自然な」動きをしているのであって、私たちの手に触れられるようなものではない。今やこの「グローバリズム」は圧倒的な力を持っている。この資本の国際的な運動に合わせて教育を再構築しようなどと考えるのは、虚仮《こけ》の戯事である。資本（経済）の最先端の動きに、私たちの政治や文化（教育）がついていけるはずがない。私たちは経済にただ振りまわされている。資本の運動と「個」の利益追求は誰も止めることはできない。私たちのできることは、国民国家の共同性の枠内で、「個」の利益追求に一義的に規定された人間をつくらないような手立てを講じることだけではなかろうか。

結局、「子ども・若者問題」は教育の内部をどう構築しなおすか、それとも、教育を「市場化」「競争化」の波のなすがままにしておくことによって「改革」するかということになろう。第二部で名だたる教育論者のみなさんの主張を取り上げて論じたが、あの五人を大別すると二つに分けられる。教育システムを変えなければならないとするのが尾木直樹氏と宮台真司氏であり、尾木氏の論理の先には社会体制の変革が像を結んでいる。近代の「教育観」

そのものの変革が必要だと主張している。宮台氏も現在の教育システムにかなり否定的だが、尾木氏のように「教育観」そのものに疑問符をつけているわけではなく、「教育認識」や教育の土台をなしている「共同体的尊厳観」を変革すべきと主張していると言えよう。「個」の価値を大切にする「市民社会的尊厳観」が家庭や地域、学校に定着すればとりあえずの「子ども・若者問題」は解消すると考えている。

和田秀樹氏、上野千鶴子氏、村上龍氏は教育システムの変革を主張しているわけではない。尾木氏、宮台氏が「正しかるべき」教育を想定しているのに対し、この三人は理念的というより現実主義的である。村上龍氏にいたっては「教師、おとなにだまされるな。自らの好奇心を大事にして生きのびろ」と子どもたちに呼びかけている。和田氏、上野氏は「授業中心の学校にせよ（戻せ）」という点で一致している。

では、子ども（若者）たちが文化的に変容してきていると認識し、その子ども（若者）たちの日常や、ありよう自体が社会的に問題をはらんでいると捉えている人はいるのであろうか。この点でおとなの世代との（文化的な）差異を読み込んでいるのは、わずかに宮台氏のみである。村上氏の「子どものときの『好奇心』を持続せよ」は、おとなとの文化的な差異を読み込んだものではなく、子どもとおとなとの時間的差異を強調したにすぎない。いつの「近代」にもありうる世代間の衝突である。和田、上野両氏は子どもを文化的存在というよりは「ラーニングマシーン」と捉えており、尾木氏は教育（学校）によって追い込まれ、被害を受けている弱者と認知している。教育的というより人権中心的である。どの論者も子ども（若者）たちがほぼ文化的な「他者」になってきているとは考えていない。自分たちと同じ文化（価値観）の領野のなかにいると考えておられる。果たしてそうなのだろうか。

私は本書で展開してきたように八〇年代中葉以降、「新しい子どもたち」が登場してきたと考えている。「オレ様化」した新しい人間が構成されだしたと考えている。近代の青春や反逆の時代は終わった。かつてのように、青春や反逆のあとに、おとなの世界に素直に回帰するわけではない。五人の論者は「子ども・若者問題」を、日本という国の国内問題として把握されている。宮台氏は主として「市民的尊厳観」の未定立による市民社会的価値の不在、つまり、「真の」近代化がまだされていないと捉え、和田氏と上野氏は「授業」に一本化できず生活指導などにこだわる日本の学校の前近代的体質と捉え、尾木氏は日本の学校文化、学校的価値のありうべき理想的な学校からの遥かな距離として捉え、村上氏は子どもが本来的に持つ生きる力、「好奇心」を大事にしない日本の学校やおとなたちの抑圧性として捉えている。全員がニッポンは文化的後進国、人権後進国だと口をそろえている。尾木氏を除けば西欧のどこかにその解決策のモデルがあるはずだという構造になっている。戦後というより明治以降ずっとなくならない日本人のトラウマである。

この五人の論者は、教育の内部に「子ども・若者問題」の原因を探している。宮台氏は家庭・地域・学校の三層構造について全部触れている。和田氏と上野氏は学校である。尾木氏もほとんど学校の問題だけを論じている。村上氏はおとな（家庭・地域）と教師（学校）の問題として論じている。見事にどの論者も国民国家の教育の内部だけを問題にしているのである。もちろん、私たちも八〇年代中葉に「新しい子どもたち」が登場したとき、まず家庭のしつけの問題を考えた。地域の教育力については「産業社会期」以降、地域のおとなたちの持つ規制力（「象徴的な父」の一部）が喪失していることはわかっていた。学校そのものはそんなに大きく変わっていない。だとすれば、子ども（生徒）たちがおかしくなったのは、家庭の教育力の低下のせいであろうと考えたのである。

家庭教育も変わった

実際、近代市民（国民）の形成をめざす学校（教師）の啓蒙的なまなざしからすれば、子ども（生徒）たちの家庭の文化性や倫理性の低下ははなはだしいように見えた。戦前から引き継いだ庶民の律気な生活感覚や倫理感はすっかり消え失せ、すでに七〇年代後半から生徒がトラブル（非行）を起こして家庭訪問すると、親たちに倫理性が欠如している様子がありありと見えて、これじゃあ生徒がおかしくなるのは当然だよ、この家庭からすれば生徒は学校ではがんばっているよ、とよく思ったものである。[37] 親たちの倫理性の欠如とは、すべて「得か損か」という発想だけで生きているように見えたことである。日本の近代は「農業社会的」段階の長さに比べて「産業社会期」が圧倒的に短い。お互いに意見や利害を主張する公共的な市民圏をつくるまえに、「消費社会的」段階に突入してしまったせいかとも思われた。親がどんなに建前的な理屈を子どもに言おうと、子どもは親の生き方や言動によってその本質を見抜いてしまう。親の教育力も地域の教育力も、プラスのものとはかぎらない。

実際、親のプラスの教育力が低下したと捉えている人は多い。テレビの子ども問題の討論番組に出ると、参加者はコマーシャルになるとみんな口をそろえて「親の教育力が低下した」「親のしつけがなっていない」と言う。しかし、オンエア中はみんな学校や社会のせいにして親の悪口は言わない。商業放送であろうと、公共放送であろうと、視聴者の悪口を言うことは営業上できない。つまり、経済の論理でできない。たしかに、親のしつけはなっていないと思う。しかし、「親のしつけがなっていない」と口にしている人も「なっていない」かもしれない。まったく子どもに注意しない親が、ちゃんとしつけができているかもしれない。しつけは言葉ではなく、主として身体性である。そして、親にしつけを呼びかけることはほとんど意味をなさない。みんな自分はちゃんとしつけをしていると思っている。いま風の子育て論の影響によって、とにかく「愛情を持って接すること」のほうが大事だと思い、「厳しさ」の面を忘失している人も多い。「のびのび」と育てれば立派に育つと提唱する子育て論も多いが、子どもは家庭だけで育つわけではないし、教育の内部でだけ育つわけでもない。家庭のしつけなるものの世間的な「客観値」もなくなったし、もっと言えば親というもののあり方の「客観値」もなくなった。その親のしつけ（親の教育力）の是非は、その子が犯罪を起こしたりすることによって、事後的または結果的にしかわからない。それも本当に「親のせい」かどうかはわからない。子どもは家庭・地域・学校の三層構造の内部で育っているわけではないからである。いずれにしても、親（おとな）も変わった。しかし、一人ひとりの親は一回きりの親を生きているわけで、自分が前の世代や前の前の世代の親とどう違っているかなどは考えないし、わからない。その点は教師と違うところである。教師は教師の位置にいて、通過していく子どもの代を眺めているから、どのように変わったかはある程度わかる。結局、家庭の教育力が低下したというより、家庭そのものが変わったのである。家庭そのものが変わったということは、家庭を構成するおとなたちが深いところで変わったのである。本人たちには意識できるものではない。

子どもや親の変容（そして、それに引きずられた教師の変容）は、教育の内部から発生したものではない。国民国家内部から発生したものではない。むしろ、グローバルな経済システムの浸透による「個」の自立であり、経済による人間観や生活認識の変化によるものであろう。きっとグローバルな経済システムが対象として捉えている人間のイメージが、国民国家的な枠内にいる親や子ども、そして総じて人々の人間的あり方の類型を破壊しつつあるのであろう。いま世界中で、直接的にグローバルな経済システムの恩恵を受けていない国々や地域や業種から、「反グローバリズム」の火の手が上がっている。日本のようにグローバル化した資本主義経済によって経済的利益を受けているところでは、目に視《み》えないところで「グローバリズム」の影響を受けて人間の内実が変化している。そう考えると、八〇年代中葉から「新しい子どもたち」が「近代」を忌避していることや、近代的な「個」（主体）から逃走していることは、「グローバリズム」の運動によるものと考えることができる。私が日本近代の「消費社会的」段階と呼んだものは、言い替えればグローバル化した資本主義経済の支配下にある日本であろう。

本書では「子ども・若者問題」の語られ方を検討してきた。とりあえずの結論としては、「子ども・若者問題」は教育の内部（だけ）から発生しているものではないし、また、国民国家や市民社会の内部（だけ）から発生」しているわけではないことを確認しておこう。「子ども・若者問題」は圧倒的な「グローバリズム」に対するリアクション（反動）かもしれず、経済による生活領域の全面的な支配に対する抵抗であるかもしれない。[38]にもかかわらず、そのようなグローバルな経済システムや、その政治的現れにも、パースペクティヴ（視線）を届かせつつ、「こうなってしまっている」子どもや若者たちを肯定的なものと認められないとするなら、その視線と改善の方向は、当然国民国家の内部、教育の内部へと向けられねばならないだろう。

「個性化」と「社会化」

最後にいくつかまとめ的にポイントを示しておきたい。

みんなが「そう思っている」「そう感じている」ことの確かさは信じていい。さまざまな教育論者たちが掻き回してはいるが、まだ子どものありようの社会的な「客観値」は成立している。そういう私たちの感受する近代的なありように、子ども（若者）たちを取り戻すことが必要である。これから育ってくる子どもたちに対する、広い意味での教育もそうなされるべきであろう。私たちの想定する近代的なありようが、たとえ日本的なものであってもかまわない。そういうレベルからは逃れられない。西欧近代的なものが、これからも生産や交易や交換やコミュニケーションの基軸になっていく。近代的な市民としての基礎的な知識や教育、そして身体性を身につけるための普通教育は、これまで以上に大切にされねばならない。

その普通教育においてまず重視されるべきであるのは、「個性化」よりも「社会化」である。まず市民（的な「個」）形成にポイントをしぼるべきである。これは何も日本独特の集団主義的発想からそう言っているのではない。事実、アメリカの指導的な社会学者（プラグマチスト）であるローティも「社会化が個性化の前に来る」ことを原則として、普通教育では基礎的な知識や社会規範を身につけ、そのあとの高等教育で「個性化」をめざすべきとの二重の構造を提唱している。[39]「個」が自立するまえに「個」を超える「普遍的なるもの」に出会う必要があるし、そういう「普遍的なるもの」によって「去勢」されなければ、「個」は自立しようがない。俗に「個性」を大事にしないと「個性」が潰されてしまうと危惧する人が日本には多いが、市民形成（「社会化」）のプロセスで潰されてしまうような「個性」は潰されるべきである。そういうレベルの「個性」を潰すために、「社会化」はなされるのである。「社会化」されているあいだになくなってしまうようなものは、「個性」ではない。まさに、「個性」が「個性」でありうるために「社会化」が必要なのである。「個性」は育てられたり教育されるものではない。

したがって、「管理」はしたほうがいい。正確には、「管理」はしないよりしたほうがいい。近代的な「個」が形成されていくのは、赤ん坊や乳児がそのまま大きくなることではまったくないからである。ノーマルなおとなは、自分が「外部」の力によって挫折に挫折を繰り返して「現在」に到達していることを知っている。否定的な「象徴的な父」であれ、不在よりはましである。同じことだが、子ども（ひと）は市民社会的な「個」になるまえに、共同体的な「個」を通過する必要がある。これは「個性化」のまえに「社会化」が必要であることと同じである。「個性」は、「社会化」される過程で、「社会化」に還元されないその「個」の個別性として浮上してくるものである。それぞれの「個」の「社会化」は、まさに社会（共同性）から強制されねばならないが、その「個」がひとつの強烈な「個性」として自己実現していくかどうかは、教育の内部（レベル）の問題ではなく、まったくその「個」の自己決定の問題なのである。市民（国民）形成において国民国家や教育からの指導や介入は避けられないが、いったん市民（国民）として自立したうえで、「自分がどう生きていくか」（「個性化」）はまったくその「個」の自由に委ねるべきである。いわゆる「人間的成長」ないしは「人格の完成」のレベルも同じく「個」に委ねるべきことである。逆に言えば、公教育（普通教育）は近代的な市民（国民）形成にかかわるものとして自己限定すべきなのである。

注釈

(1) 初めて「校内暴力」と呼称された。
(2) 『下級教員宣言』一九七三年刊、現代書館
『非国民教育原論』一九八〇年刊、三一書房
『学校をしっかりつかむ』一九八三年刊、現代書館
『文化としての学校』一九八七年刊、現代書館
(3) 発行部数はそれぞれ実数で二〇〇四年十一月現在、
『〈親を粉砕するやりかた〉編』は五二、八〇〇部
『〈ダメ教師殲滅作戦〉編』は七〇、四〇〇〇部
『子どもが変だ!』は一一五、五〇〇部
(4) 『子どもがあぶない』では「プロ教師の会」放談「親も子もなぜおかしくなった」と題して、諏訪哲二、河上亮一、藤田敏明、北村則行、喜入克の五名が座談会をしている。
『子どもがわからない』には諏訪哲二が「子供は内面への働きかけを拒む」という題の文を寄稿している。

(5)『最前線』（ラインブックス）所収。

(6) 千石保氏は『「まじめ」の崩壊』（サイマル出版会）で、〈一九七七（昭和五二）年前後のこと、日本人の価値観が決定的に変化した〉〈モダンのパラダイムだった勤倹力行が崩壊した。「まじめ」の崩壊である〉と述べている。
吉本隆明氏は『大情況論』（弓立社）で、〈日本の社会が「現在」に入った兆候をみせたのは、一九七三（昭和四八）年ころです〉〈初期の興隆してゆく資本主義分析の基礎になっているかんがえ方が、やや通用しがたくなった兆候が、日本社会では一九七三年前後にさまざまなところであらわれ、そのとき以降日本社会は「現在」に入っていったとかんがえられます〉と述べている。

(7) 河上亮一氏『教育改革国民会議で何が論じられたか』（草思社）

(8) 東浩紀氏『動物化するポストモダン』（講談社現代新書）や『世界』二〇〇五年一月号、大澤真幸氏の「不可能性の時代」など。

(9)「ニート」は「Not in Education, Employment or Training」の頭文字をとった英国生まれの造語。日本では玄田有史、曲沼美恵共著の『ニート』（幻冬舎）で有名になった。通学や仕事をせず、職業訓練も受けていない若者のことで、日本では五二万人いるとのこと。

(10)「象徴的な父」：精神分析学の鍵概念の中に、男児が無意識の中で母親に愛情を求める一方で、父親にライバル心を向けつつ処罰を恐れるという「エディプス・コンプレックス」がある。この葛藤は、母親の愛するような父親のようになろうという「性役割」の獲得によって克服されるが、この過程で父親からの威嚇をより象徴化された規範やモラルというかたちで自分の中に取り込むと言われる。

(11) ヘーゲルは「主人＝奴隷」関係の法則性と述べ、コジェーヴが自我と自我は主人と奴隷の死を賭した戦いとして展開されると描きだしている。

(12) ハンナ・アーレント『革命について』（中央公論社）

(13) 「全能感」：精神分析学の用語。幼児期に抱く、自分の力を過大評価する誇大妄想のこと。フロイトが提起し、フェレンツィによって、発達にともなって全能感が制限される過程が理論化された。

(14) 「超自我」：精神分析学の用語。無意識領域にあって、本能的欲求を禁じ、自我を検閲する役割を果たす。両親のしつけなどを通じて形成されるという。

(15) 見田宗介氏『現代社会の理論』（岩波新書）

(16) 埼玉教育塾編『学校をしっかりつかむ』（現代書館）

(17) 陰山英男氏の昔風の詰め込み授業やオレについてこい式のカリスマ教師がもてはやされている。

(18) 『教員養成セミナー』一九九九年十一月号

(19) 『論座』一九九九年九月号

(20) 『朝日新聞』二〇〇四年九月二十二日号

(21) たとえば、北原白秋「からたちの花」「この道」など。

(22)「去勢」：精神分析学の用語。「エディプス・コンプレックス」（注(10)を参照）において、父親によって男児の母親への欲望は罰せられるが、このときペニスを切り取られるという不安を覚えるとされる。
(23) 和田秀樹氏『「ゆとり教育」から子どもをどう守るか』（講談社＋α文庫）
(24) 和田秀樹氏『学力崩壊』（ＰＨＰ研究所）の「間違いだらけの教育論議」
(25)『「ゆとり教育」から子どもをどう守るか』
(26)『ＳＡＰＩＯ』二〇〇三年八月六日号
〝「亡国のゆとり教育」からわが子を守る四つの方法を伝授しよう〟
(27) 寺脇研氏『二一世紀の学校はこうなる』（新潮ＯＨ！文庫）
(28)『ＳＡＰＩＯ』二〇〇三年八月六日号
(29) 上野千鶴子氏『サヨナラ、学校化社会』（太郎次郎社）
(30)「原罪」：キリスト教の用語。旧約聖書『創世記』三章によれば、イブが蛇にそそのかされてアダムを誘惑して、禁断の木の実を食べさせ、その結果神に罰せられた。これをもとに、始祖から罪を犯した人類の普遍的な罪性を原罪という。原罪はキリストの死と復活によって贖わなければならないとされる。
(31) フロイト・ラカン派の精神分析における基本認識となっている。
(32)「父殺し」：精神分析学の用語。「エディプス・コンプレックス」（注(10)を参照）を克服し、父親の支配や恐怖から開放されること。

(33) 水谷修氏は二〇〇四（平成十六）年九月末に一身上の都合で退職した。

(34) 教育基本法の第一条（教育の目的）
〈教育は、人格の完成をめざし、平和的な国家及び社会の形成者として、真理と正義を愛し、個人の価値をたっとび、勤労と責任を重んじ、自主的精神に充ちた心身ともに健康な国民の育成を期して行われなければならない〉

(35) マルクス『経済学批判』（岩波文庫）

(36) フランスの社会学者ブルデューの概念。

(37) 家庭謹慎にした生徒を家庭訪問したら、帰りしなにハイライトを一カートン渡され、強く断っても、こちらの断りを建前としての断りだと確信し、しつこく受け取らせようと追いかけてきた。

(38) ことによると、八〇年代中葉以降の「オレ様化」した新しい子ども（若者）たちは、ネグリ＝ハートが『〈帝国〉』（以文社）で述べている、グローバルな資本主義が〈帝国〉を生みだし、その〈帝国〉のネットワークがグローバル資本主義に対抗する新たな「構成的権力」として生みだす人々の集合体である「マルチチュード」の一翼を構成しているのかもしれない。

(39) 『教育の可能性を読む』（情況出版）所収、柳沼良太氏の論文「ローティ教育学とネオ・プラグマチズム」

注(10)、(13)、(14)、(22)、(32)に関しては、以下の資料を参照して作成した。『医学大事典(第4版)』(南山堂、一九九三年)、『新版　精神医学辞典』(弘文堂、一九九三年)、『カウンセリング事典』(ミネルヴァ書房、一九九九年)、『心理学事典』(有斐閣、一九九九年)、『医学大辞典』(医学書院、二〇〇三年)。

Chuko Shinsho La Clef

中公新書ラクレ　171

オレ様化《さまか》する子《こ》どもたち

2005年3月10日発行

諏訪哲二《すわてつじ》　著

発行者　早川準一
発行所　中央公論新社
〒104-8320
東京都中央区京橋2-8-7
電話　販売部　03-3563-1431
編集部　03-3563-3669
URL http://www.chuko.co.jp/

本文印刷　三晃印刷
カバー印刷　大熊整美堂
製　本　小泉製本

定価はカバーに表示してあります。
落丁本・乱丁本はお手数ですが小社販売部宛にお送りください。送料小社負担にてお取り替えいたします。

©2005　Tetsuji SUWA
Published by CHUOKORON-SHINSHA, INC.
Printed in Japan

ISBN4-12-150171-3　C1236

中公新書ラクレ刊行のことば

世界と日本は大きな地殻変動の中で21世紀を迎えました。時代や社会はどう移り変わるのか。人はどう思索し、行動するのか。答えが容易に見つからない問いは増えるばかりです。1962年、中公新書創刊にあたって、わたしたちは「事実のみの持つ無条件の説得力を発揮させること」を自らに課しました。今わたしたちは、中公新書の新しいシリーズ「中公新書ラクレ」において、この原点を再確認するとともに、時代が直面している課題に正面から答えます。「中公新書ラクレ」は小社が19世紀、20世紀という二つの世紀をまたいで培ってきた本づくりの伝統を基盤に、多様なジャーナリズムの手法と精神を触媒にして、より逞しい知を導く「鍵《ラ・クレ》」となるべく努力します。

2001年3月